最适合中国孕妇的

国学胎教

Guoxue Taijiao

董 颖 崔剑剑 ◎ 编著

吉林科学技术出版社

图书在版编目（CIP）数据

最适合中国孕妇的国学胎教 / 董颖，崔剑剑编著.
— 长春：吉林科学技术出版社，2014.8
ISBN 978-7-5384-8069-6

Ⅰ．①最… Ⅱ．①董…②崔… Ⅲ．①胎教－基
本知识 Ⅳ．① G61

中国版本图书馆 CIP 数据核字（2014）第 193339 号

最适合中国孕妇的
国学胎教
Guoxue Taijiao

编　　著　董　颖　崔剑剑
编　　委　朱家乐　石　榴　谢　勇　周　亮　王玉立　陈　莹　周　密　盛　萍　彭琳玲
　　　　　王玲燕　李　静　秦树旺　陈　洁　吴　丹　蒋　莲　柳　霞　尹　丹　刘润钢
　　　　　邹　丹　曹淑媛　陆　林　周　宏　李志强　易志辉　康　儒　谭阳春
出 版 人　李　梁
责任编辑　赵　沫
封面设计　长春市一行平面设计有限公司
开　　本　889mm×1194mm　1/20
字　　数　200千字
印　　张　9
印　　数　1—10000册
版　　次　2014年9月第1版
印　　次　2014年9月第1次印刷

出　　版　吉林科学技术出版社
发　　行　吉林科学技术出版社
地　　址　长春市人民大街4646号
邮　　编　130021
发行部电话/传真　0431-85635177　85651759　85651628
　　　　　　　　　85635181　85600611　85635176
储运部电话　0431-86059116
编辑部电话　0431-85652585
网　　址　www.jlstp.net
印　　刷　沈阳美程在线印刷有限公司

书　　号　ISBN 978-7-5384-8069-6
定　　价　39.90元

爱孩子，就给他我们能给予的全部

作者序

　　无意中在网上看到了一篇很温情、很唯美的文章，描述了笔者对大学生活的留恋和感悟，我的思绪一下子被拉到了十多年前的日子。还记得刚入学时为了自己能进入中文系，晚入学几个月，等待的日子感觉人生都灰暗了。那时候，迫不及待地离开了父母的怀抱，过上了集体生活，每天和同寝的姐妹们嘻嘻哈哈，也唧唧咯咯，互相给未来我们的孩子起着名字，叫着外号。日子轻松、惬意，就在这少年不识愁滋味，为赋新词强说愁的懵懂感觉中稀里糊涂地度过了人生中最灿烂、最值得珍惜的4年时光。

　　在写这本书的时候，我一直都在回忆我的大学生活，想象其他姐妹现在的样子，其实无须想象，每个有了孩子的女人的生活都各不相同。爱孩子就是我们生活的全部。每次打开电脑都很有感触，因为这几年虽然一直从事文字工作，但是写国学方面的文字还真是第一次，感觉自己又回到了在文学院上学的情景。只是现在的心境已然完全不同。这是一本写给妈妈的书，也是出于自己爱文学、爱生活、爱孩子的缘由。希望通过我的努力，能帮助那些希望自己的孩子从小接受国学教育、接受国学熏陶的妈妈。在这本书里，我自私地加进了很多自己的感悟，将这几年来我做妈妈的心情表达出来，没有这本书也许我只能将这份感觉埋在心里。我珍视它，因为书里面的每一个字都凝结着我对孩子的爱。这种患得患失，盼着他长大，又希望他停下脚步；太爱他，又怕太爱他的感觉，全都写在这本书里。请读者原谅我将这么带有个人情感色彩的文字对外发行。因为我总觉得，你们也会像我一样，爱孩子，并给他我们能给予的全部。

　　谨以此书献给和我共同生活过、一样善待生活、家庭和睦、重视教育的姐妹们。

　　感谢出版社的编辑，更感谢所有翻看这本书的人！

笔者：董颖

2014.6.19.

致所有在孕期中还为宝宝努力工作的女性

代序

　　我也是一个上班族，也曾经是一个怀着孕，坚持上班的孕妈妈。我怀儿子的时候年纪已经偏大，对孩子的渴望已经很久了。怀孕之后，我每天早上醒来，都会问自己，这一切是真的吗？幸福好像一下子就来到了我的身边，那么突然，又那么期待已久。随着肚子越来越大，宝宝的胎动越来越明显，我也越来越依赖宝宝，每天都要和宝宝说说话，宝宝会用小脚踢踢我表示回应，这些简简单单的交流，仿佛比爸爸弹奏的世界名曲还要美妙一万倍。由于是大龄产妇，我在孕晚期患上了妊娠糖尿病，这个说大不大、说小不小的孕期问题，由于要坚持上班变得有些棘手。

　　但是我不打算请假，更不能放弃工作，暂且不说工作的收入是养活宝宝的基础，我觉得一个有自己事业的女性，才能为自己的孩子树立坚强的榜样。一个可以独立生活，可以自强不息，能克服困难的女性，才是一个合格妈妈的最基本的标准。现在我身边有很多的同事，都在孕期坚持工作，很辛苦，还经常自觉地加班，这让我很钦佩，更打定我坚持工作，用最佳的头脑武装自己，更好地教育宝宝的决心。

由于宝宝出生后严重缺钙，我很担心，不得不带着宝宝到三亚晒太阳，一去就是4个月，耽误了很多工作。我对这件事情一直很内疚，但是宝宝的健康又是最重要的。重返工作岗位后，我尽力地适应着，用最大化的时间陪宝宝成长，用最用心的方式去完成工作。

　　这本国学胎教书，是我在孕期的经验分享，也是通过了解很多孕妈妈的想法后决定出版的一本孕期胎教书。在培养孩子、教育孩子的心情方面，妈妈们永远是惊人的统一。

　　我们国家的国学知识真是博大精深，太多的东西值得我们去挖掘、去思考。孩子在妈妈肚子里的时候，还什么都不懂，接受的知识也只是一点点的感觉和体味，但就是这一点一滴的渗透和熏陶，却给孩子的未来带来深远的影响。

　　中国的孕妈妈需要的绝不仅仅是一些育儿的常识，还有对祖国文化的了解，让我们的宝贝从小就接受中国古代文化的学习，接受西方发达国家的先进理念，我们的孩子一定会有个光明的未来。一起努力吧！

本书责任编辑：赵沫

2014.8.7

代序

你来了，世界就亮了

推荐序

　　每一个孕育在妈妈身体里的宝贝都是天上下来的天使，他们具备神奇的魔力，能让妈妈爸爸喜，能让爸爸妈妈忧。他们能够给一个家庭带来莫大的幸福，这种幸福无以言表，需要用心体会，只有拥有的人才能明白。

　　怀孕初始，妈妈的惊喜溢于言表，还有什么礼物比即将拥有自己的孩子更来得开心？马上就要当爸爸妈妈了，矛盾的心情也随之开始纠结。自己还是个孩子，好像什么都还不懂，我们两个连做饭洗碗都互相推脱的人怎么才能更好地养育这个宝宝呢？为了让宝宝将来任何地方都超越父母，我们要尽力让他更健康、更聪明。做好父母该做的事情。

　　那妈妈和爸爸现在到底该做些什么呢？

　　网站、书籍、应用、孕妇学校，我们是不是都要去看看呢？好多知识，好多没听过的术语，让妈妈和爸爸好头痛，不知如何是好。

　　这本国学胎教图书是它还没有出版的时候，我就有幸看到了，听编辑阿姨说是在网上看见了我的留言，选中了

我作为试读的读者。因为有宝宝的存在，一个从来没有中过奖的妈妈竟然有幸中奖啦。这本书我认真地看了两遍了，书里面的知识点很丰富，很多知识妈妈只知其一，不知其二，现在才真正明白，妈妈要和你一起学习、一起成长。我们国家的历史源远流长，自古以来的名人志士不胜枚举，妈妈不要求你成为多么了不起的人物，但是了解我们国家的历史，学习国学的常识，的确是每一个中国人必须知道的。这些知识能丰富你的头脑，让你可以更加淡泊名利，活得洒脱，能够让你豁达地生活，体会平凡地活着才是最幸福的道理。

这本书妈妈会再好好地读来给你听，书里面有很多知心的话语，句句敲打着妈妈的心扉，等你长大了，你也看看这本书，体会一下你在妈妈肚子里时妈妈的心情吧。

感谢编辑老师给所有孕妈妈带来这么丰富的知识盛宴，让我们知道怀孕期间能做的不只是等待产检一切正常的这个结果，还有在有限的时间里能够为宝宝做得更多。充实了自己，才能给孩子更多的幸福。

网络妈妈：贝贝哄

2014.8.7

最适合中国孕妇的
国学 胎教
Guoxue Taijiao

最适合中国孕妇的
国学胎教
Guoxue Taijiao

目录

最适合中国孕妇的

国学胎教

Guoxue Taijiao

孕 1 月

初尝有孕的喜悦

无题

（唐）李商隐

昨夜星辰昨夜风，画楼西畔桂堂东。
身无彩凤双飞翼，心有灵犀一点通。
隔座送钩春酒暖，分曹射覆蜡灯红。
嗟余听鼓应官去，走马兰台类转蓬。

孕妈妈这样解释给宝宝听：

　　星光依旧闪闪发亮，习习的凉风吹得人心舒坦，可这些都已经是昨天晚上的回忆了。思念的情绪仍旧停留在昨日你我相遇的画楼西侧与桂堂东面之处。即使你我并没有彩凤那样可以自由飞翔的双翼去相会，但是彼此的心正如那灵异的犀牛角一样有着一线相通。此刻眼前仿佛又回到昨日你我在红艳艳的烛光下分享着暖融融的酒水，按照座位座次分组玩着送钩和射覆的游戏，那时那景，历历在目。只可惜这些美好的回忆挡不住传来应招的鼓声，上班当差的时候已经到了，我就像那零落四处飘散不已的蓬草一样，现在就要去那孤寂的兰台开始无聊的校书工作了。

深有感触：

　　宝宝啊，这首诗是李商隐回忆宴席中偶然相遇的意中人而写的诗词。其中最为传神的是，即使两个人隔着千山万水不能面对面相会，但是彼此心灵相通，心意相同，仍旧会像犀牛角中央的那条白线一样畅通无阻。宝宝如今乖乖地待在妈妈的肚子里，和妈妈一起心跳，一起呼吸，咱们比那诗里描写的还更有默契呢。因为我们不仅是心意相通，我们是心心相连呀。

买椟还珠

一位楚国人，想把手头拥有的一颗漂亮珍珠给卖了。为了把这颗珍珠卖上高价，他决定对这颗珍珠进行一番包装，那样他卖个高价也会让人信服。

想到就做的这位楚国人很快就找来名贵的木料，再让有好手艺的木匠亲自给他打造了一个木盒。然后，再给这木盒用香料熏得香喷喷的。很快，他就带着这个外表精美无比的木盒来到了市场，准备出售他的那颗珍珠。

到了市场上，很多顾客一下子就被他带来的木盒给吸引了。远远地看上去精美异常，凑近了看还香气扑鼻。不少人就开始踊跃问价，想要买下来。其中有一个郑国人，什么都没问，直接就问，这个多少钱。楚国人看他出价最高，就爽快地卖给了他。可没过多久，这个郑国人又回来找楚国人了。楚国人以为他心疼价钱想回来反悔，结果却是这个郑国人打开盒子，把放在里面的珍珠拿出来交给这位楚国人，并且很是诚恳地说："先生，你忘记把珍珠拿出来了，我呢，不想占你的便宜，特地来还给你这颗珍珠。"

楚国人看着手里的那颗珍珠，心里觉得很尴尬。本来是为了衬托这颗珍珠的名贵，特意打造了这个盒子，结果卖家却只相中了那外面的盒子，而把更有价值的珍珠给还回来了。真是捡了芝麻丢了西瓜啊。

孕妈妈这样解释给宝宝听：

买盒子的这位郑国人只看到了外表华丽的木头盒子，却忽略了价值更高的珍珠，着实让人觉得只看外表不看内在的那种虚荣之人的可笑之处。但是，身为卖家的楚国人，不好好推出他的珍珠，反而用华丽的木盒"喧宾夺主"地来包装里面的珍珠，无疑也是走了弯路，同样可笑。所以，宝宝以后可得要注意看内在，而不要被一些虚头巴脑的花架子给蒙蔽了。

洛神赋 · 东晋 · 顾恺之

洛神赋

名画小常识：

　　这幅画是东晋时期的著名画家顾恺之依据曹植的《洛神赋》创作的。画面主要表现的是曹植和洛神之间的一段缠绵悱恻的爱情故事。打开画面就可以看到初次见到洛神的曹植傻傻地看着远处那梳着高高云髻飘飘欲仙的洛神。众人簇拥之下的洛神，那么高贵，那么端庄，回眸之中，既似有着丝丝不舍，也似有着缕缕淡泊。眼波流动之中，既想离去又千般不舍。绰约风姿惹得曹植已然失魂落魄，茫茫然不知是向前走过去迎接，还是站在原地默默瞻仰佳人风姿。

走近名画：

　　现在我们能欣赏到的《洛神赋图》大多是宋代的摹本。这本长卷
分多组图画形式呈现出曹植与洛神之间存在的一段爱情故事。除了
主要描摹的是曹植对于心中女神的仰慕和追求之情之外，还表述了
因为"人神殊途"导致两人之间无法相守相爱的惆怅之情。诗
人曹植借由诗句描写爱情，隐晦地表达了自己的政治理想与
追求，而画家顾恺之则把这段文字蕴含的辗转的爱情活灵
活现地用图画方式形象地展现在世人面前。其
中"美人"的曼妙身姿和欲语还休的矛盾心态
都表现得淋漓尽致。

步辇图

名画小常识：

　　这幅代表了初唐人物画最高水平的图画，是最早有史可查记录了古代藏族人民与中原地区人民之间友好往来的历史画卷。画面里表述的历史故事是距今1300多年前文成公主与当时的吐蕃赞普松赞干布联姻的历史事件，而这幅图所画的内容就是当时的唐太宗李世民穿着便服接见前来求婚的吐蕃使者。

走近名画：

　　图画名为步辇图，从画面本身也可以看出来，焦点所在就是坐在辇上的一位老者，身穿便服，面容和善，正亲切地望向前方俯身下拜的使者，还可看出老者（李世民）嘴唇微动，仿佛在和使者聊着家常。画面左侧居中的人物就是此次前来求婚的使者禄东赞，头戴民族特色小帽，一身精悍的长袍，浓密的络腮胡子，从神态、穿着、面相都显示出与当时的中土人氏截然不同的异域风情。而这些都显示出了当时吐蕃仰慕大唐鼎盛文化，想要向大唐学习的真实历史背景，同样地，也为后人了解当时汉藏之间存在的悠久的良好关系留下了珍贵的历史画面。从画作的作者阎立本来说，在没有多少背景和道具的情况下，用简练的画法表现出一个不大却充满庄严肃穆的场面。

步辇图·唐·阎立本

二十四节气

春季——立春 雨水 惊蛰 春分 清明 谷雨
夏季——立夏 小满 芒种 夏至 小暑 大暑
秋季——立秋 处暑 白露 秋分 寒露 霜降
冬季——立冬 小雪 大雪 冬至 小寒 大寒

二十四节气的来历：

　　中国古代社会以农业为主，可在那个没有天气预报的时代，如何区分时令、气候来安排农作物的耕种收割就是个很大的问题。好在聪慧的中国人依据大量的具体事实逐渐地掌握了时令气候变化的规律，然后总结出一年四季当中不同的节气来。细分下来有24个，一个月两个。较为重要的节气有立春、雨水、惊蛰、春分、清明等。其中春分和秋分这两天是一年当中昼夜长短一致的。而夏至那天白天最长，黑夜最短。冬至则是相反，白天最短，黑夜最长。所以春分、秋分、夏至、冬至是二十四个节气里最为重要的。

清明
（唐）杜牧

清明时节雨纷纷，
路上行人欲断魂。
借问酒家何处有？
牧童遥指杏花村。

立冬
（唐）李白

冻笔新诗懒写，
寒炉美酒时温。
醉看墨花月白，
恍疑雪满前村。

冬至
（唐）杜甫

年年至日长为客，
忽忽穷愁泥杀人。
江上形容吾独老，
天边风俗自相亲。

杖藜雪后临丹壑，
鸣玉朝来散紫宸。
心折此时无一寸，
路迷何处见三秦。

天王送子图·唐·吴道子

天王送子图

名画小常识：

这幅画是唐代吴道子的作品，纵35.5厘米，横338.1厘米。唐代时期绘画艺术得到了飞速的发展。吴道子就是其中的代表人物，唐宣宗时吴道子被推崇为"画圣"，民间艺人称他为"祖师"，可见其绘画的造诣。《天王送子图》现藏于日本大阪市立美术馆。

走近名画：

吴道子是一位非常全面的画家，无论是人像、山水、花鸟鱼虫都能胜任。但是吴道子年幼时父母双亡，非常坎坷，学习书画也是为了生活，由于他非常勤奋，20多岁就已经成名。这幅画描绘的是佛祖释迦牟尼降生，成为悉达王子，他的父亲净饭王和母亲摩耶夫人抱着他去朝拜大自在天神庙时，天神跪迎的故事。

三纲五常

　　封建礼教所提倡的人与人之间的道德规范标准，三纲五常就是其代表性的标志。三纲说的是"君为臣纲，父为子纲，夫为妻纲"。在这里强调的是君臣、父子、夫妻之间的主次关系。臣民、儿子、妻子要绝对服从于君王、父亲、丈夫。五常说的是"仁、义、礼、智、信"，是封建社会里用来理顺君臣、父子、兄弟、夫妻、朋友等之间人际关系的几条基本行为准则，传统的儒家认为这些准则是亘古不变的，所以称为"常"。在近现代遭受了不少启蒙学者的抨击，在两千余年的封建社会里，中国的确依靠这套道德体系维持整个社会的稳定和人际关系的和谐，而且已经成为了中国的传统道德标准根深蒂固于国人的心中。

中国人的名字

　　名字是每个人区别于其他人的一个特定的符号。现今的中国人不同于外国人复杂的名字，中国人的名字基本是由姓和名两部分组成。姓是沿袭自祖辈，表示着一种血统的传承，而名则由长辈将对后代的殷切期望和良好祝愿蕴含进去。可在中国古代，名字就复杂一些了。首先从姓来说，由于早期母系社会以女子为中心，所以基本上姓代表一个氏族的族号，所以不仅我们可以发现"姓"就是女人所生，代表一种血缘关系，同样，上古的一些姓氏如"姒""嬴""姜"等均带有女字旁。那个时候，同姓之间是不能通婚的。等到一个族繁衍扩大，分出不少分支来，就产生了氏。所以姓是早期的族号，氏则是族扩大分散了之后的族号。等到后来父系社会为中心了，基本只称男子的氏而不称姓。等到汉以后，才把姓氏合二为一，通称为姓。古代的名和字也不是一回事，名是一个人在社会上区分他人的特定符号，字则是对名的补充或解释。不过，古人只有成年之后才能取字，这是因为直接称呼成年男子的名是对他的不尊重，所以一般都称呼他的字表示敬意。

我要当妈妈啦

人之初，性本善。不知道什么时候我的腹中孕育了一个小小的生命，那么纤弱，那么不可察觉。可当我知道有了宝宝的时候，我的第一反应是，希望我的宝宝将来可以健健康康地长大，平平凡凡地做人。或许，真的是心灵感应，当最初任何妊娠迹象都没有的时候，是我感受到了宝宝那微弱的电波感应，感受到了宝宝在我肚子里呼唤着我。所以我第一时间去做检查，果然发现我的宝贝已经在我肚子里安营扎寨。原来，当初我心头的那一缕悸动，就是我的宝宝对我深情的呼唤呀！神奇的是，我真的感受到了宝宝的呼唤，或许这就是母子连心吧。

我自己都觉得好笑的是，宝宝刚刚在我肚子里安顿下来，我就开始计划宝宝出生以后的很多事情，甚至没出息的我自己都害怕将来宝宝长大了，离开家门闯荡世界的时候，我的那颗心是不是也一直牵挂在宝宝身上。或许，我最期待宝宝将来不是有多大名声和成就，更多的期望是宝宝能够找到一个自己喜爱的人，能够跟这个人幸福地在一起生活一辈子，或许这就是我最大的期待了。

如果真要让刚刚知道自己怀上了宝宝的我在一种巨大的幸福和慌乱下，能够开始遐想将来的宝宝会是什么样子的话，那么我觉得，如果宝宝是男孩，希望像曹植一样有才；如果宝宝是女孩，那么就像文成公主那样端庄贤惠。毕竟，一年二十四个节气，溜走的是时光，驻足的是岁月。人活一世，草木一秋。在我们中国，虽然君臣、父子、夫妻等三纲已经显得有些落伍和愚昧，但仁、义、礼、智、信这五常还是我希望宝宝出生以后能具备的美德。

　　或许我这是想得太多、太复杂了。但是，感受着肚子里还没显露多少痕迹的宝宝，第一次体会即将为人母的我，还是希望宝宝你除了健健康康，还要知书达理。

最适合中国孕妇的 **国学** 胎教

Guoxue Tai jiao

孕 2 月

恼人的孕吐反应

三字经

人之初　性本善　性相近　习相远　苟不教　性乃迁
教之道　贵以专　昔孟母　择邻处　子不学　断机杼
窦燕山　有义方　教五子　名俱扬　养不教　父之过
教不严　师之惰　子不学　非所宜　幼不学　老何为
玉不琢　不成器　人不学　不知义　为人子　方少时
亲师友　习礼仪　香九龄　能温席　孝于亲　所当执
融四岁　能让梨　弟于长　宜先知　首孝悌　次见闻
知某数　识某文　一而十　十而百　百而千　千而万

孕妈妈这样解释给宝宝听：

　　每个人刚出生时本性都是纯良的，大家天性类似，但随着后天成长环境的不同还是会出现越来越多的变化。假如在这个过程中不加以教育的话，本来纯良的天性就会发生变化。教育孩子最好的方法，就是教导孩子要持之以恒，不能动辄放弃。过去孟子的母亲三次搬家就是为了找到适合自己孩子成长、接受教育的地方。有一次孟子不想学习了，逃学回家，他的母亲气愤地剪断织布机上的布，以此来告诫他：如果半途而废，就相当于过往的布都被剪断，整匹报废了。

　　过去燕山有个叫窦禹钧的人，教育孩子有方法，他的5个儿子个个都被教育得出人头地，世人皆知！

深有感触：

　　十年树木，百年树人。每个人出生的时候基本条件差不多，但是随着后天教育的介入，每个人成长的方向和成就都会出现很大的差异。父母是孩子的第一任老师，在家庭教育方面有着不可推卸的责任，第一步基础夯实了，就会为孩子未来的成长奠定良好的基础。只有做好启蒙教育，才会让孩子成就一个美好的未来。

深有感触：

　　过去的女子不像现在这样独立自主，更多的时候是在家相夫教子。出嫁后，女子大多数时间都用来浣纱织布，洗衣做饭，干活的时候轻声吟唱着歌曲解乏。但刚出嫁的女儿最为思念的一定是疼爱自己的父亲母亲。繁忙的家务活永远干不完，但是一想起最为尊敬和想念的父母，那种迫切想回娘家探望爹娘的心情就再也控制不住了，这个时候，女儿唯一想做的事情就是回娘家！这是人之常情，是几千年以来无论时代如何变迁，社会怎样发展，都割舍不掉的浓浓的血肉亲情。

诗经·国风·葛覃

葛之覃兮，施于中谷，维叶萋萋。
黄鸟于飞，集于灌木，其鸣喈喈。
葛之覃兮，施于中谷，维叶莫莫。
是刈是濩，为絺为綌，服之无斁。
言告师氏，言告言归。薄污我私，
薄浣我衣。害浣害否，归宁父母。

孕妈妈这样解释给宝宝听：

　　长长的葛藤优哉游哉地在山谷里面蔓延成长着，密密麻麻的叶子层层叠叠铺满了整个山沟。黄雀们在山谷里快乐地飞来飞去，时不时地停留在灌木丛中，唧唧喳喳的叫声回荡在整个山谷里。长长的葛藤不紧不慢地在山谷里铺展开来，绿茵茵的叶子一片片铺满整个山谷。我把这些葛藤割下来放在水里煮一下，然后再细割开来织成细布和粗布，再把它们做成穿起来舒舒服服的衣服。告诉我的佣人，我要给自己放假回娘家啦，你的要好好清洗我的外衣和内衣。此外我才不管还有哪些要洗哪些不要洗了呢，因为我就是想要回家看看我的爹娘了！

高山流水

孕妈妈和胎宝宝一起听:

　　宝宝,这首古曲《高山流水》是古代十大名曲之一啊。传说这首曲子里面还有一段关于知己的故事呢。过去啊,有两个人,一个叫俞伯牙,是个擅长弹琴的乐师,另外一个人叫钟子期,他呢,特别懂得欣赏音乐。有一次钟子期听到俞伯牙弹琴就仔细欣赏,当听到俞伯牙在弹奏中表现出登高远望的韵律时,钟子期忍不住赞叹:"好啊,弹出来那种高山巍峨雄伟的感觉了!"当俞伯牙曲中弹奏出像流水一样永远前进不屈不挠的意蕴时,钟子期再次赞叹:"好曲子,那种江河浩浩荡荡、奔流不止的感觉真不错!"也就是说,无论俞伯牙心中想什么,在弹琴时流露出自己的心声时,钟子期都能第一时间感悟得到。后来啊,人们就把高山流水除了描述格调高雅之外,更多地用来表现一种知音难求的想法。

深有感触:

　　曾经有句话叫做"相交满天下,知己无一人"。在这个世界上,能够遇到懂得自己心声的知己实在太难得了,如果你能在人生当中遇到一个知己,那真是酒逢知己千杯少,人生相遇的美妙就在那一瞬间让人感受到满满的幸福。从这个曲子中我们也能了解到,一旦知音像钟子期一样撒手离去,或者是知音从此与自己相会无期的时候,我们该是么遗憾啊。人生难得一知己,得遇见时需珍惜。

五牛图

名画小常识：

　　这幅《五牛图》是唐代画家韩滉保存在世的唯一一幅画作。他的画作大多描绘的是唐代的文人生活以及当时农村的生活习俗。这幅画也是距今为止最早用纸张作画的作品。

五牛图·唐·韩滉

走近名画：

　　仔细看我们可以发现这幅画里的五头牛不仅花色不同，神态也各不相同。五头牛是按照从左到右的顺序依次排开。第一头牛颜色赭黄，全身散发出一种稳重厚实的味道；第二头牛黄里透白，看起来像是听到什么呼唤正回头张望，身体却还在稳步向前；第三头牛则是正对着我们，颜色苍黑，正在张嘴叫唤；第四头牛是黑白纹理，看起来倒是有些类似奶牛，伸长了脖子凝视着前方；最后一头牛显得最为活泼，看起来摇头晃脑的，好像正倚着树木蹭脖子。整幅画没有多少背景来渲染，更多的是通过五头牛的不同神态表现出不同的性情。据考证，当时画家的创作是用五头牛来比喻其自身的五兄弟，将人物的性情寄托到这五头牛当中去，属于典型的以物寄情之作。

成年礼

在中国古代，不管是男是女，只要到了成年的年龄，都要参加一种叫"成丁礼"的仪式，只有这样才算是真正成年，具备了正式履行社会权利和义务的资格。但是男女的成年礼有着很大的不同。男子的成年礼一般叫做冠礼，等男子成长到20岁的时候，就可以由男子的父亲在宗庙给自己的儿子正式举行成人仪式，到时从精挑细选的宾客中挑选3人为男子加冠3次，基本才算完成冠礼仪式。而在古代，是否举行过冠礼直接关系着男子是否能够担任重要官职，甚至帝王若未举行过冠礼都无法执掌国政。女子的成年礼年龄一般是15岁，女子的成年礼叫做笄礼，一般是把女孩的头发盘起来，然后用簪子簪住头发。女子举行过笄礼后就表示该女孩已经长大成人，可以谈婚论嫁了。相对于男子的冠礼，女子的笄礼就显得简单多了，这也是和封建社会男尊女卑的世俗观念密切相关的。

宗祠

丝绸之路

　　丝绸之路，往往被简称为丝路。这条路是西汉时期由出使西域的张骞开辟出来的连接亚洲、非洲和欧洲的一条商业贸易路线。当时是从西汉的长安（也就是现在的西安）出发，途经甘肃、新疆，然后一直到中亚、西亚，以此还联结了地中海各国。不仅有陆地的丝绸之路，因为还涉及海洋运输，所以还有海上丝绸之路。因为这条贸易路线中的货物以丝绸制品的名气最为响亮，所以被后世称为丝绸之路。在当时的古代，这条丝绸之路是东西方进行政治、经济和文化交流的主要通道。整个地球村的原始雏形或许就是从那个时候埋下了健康的种子。当然，"丝绸之路"一词最早是由德国的地理学家费迪南在19世纪70年代出版的《中国》一书中提出的。

坚持挺过孕期的不适反应

如果说第一个月是懵懵懂懂，只是从一些生理测评标准上才知道了自己已经怀孕了。那么第二个月则是实实在在地从生理上感受到了自己已经开始在孕育一个新的生命。我跟其他孕妈妈交流过，有的说开始嗜睡起来，一天从早到晚就是犯困；也有的告诉我她开始怕冷，明明现在是大夏天，可总感觉身上冷。我倒是没有那些症状，可不知道为什么闻到油烟味就开始恶心不舒服。搞得那么爱吃的我现在好多爱吃的都不喜欢吃了，以前从来都不愿意沾边的食物现在反而引起了我的兴趣。我悄悄地跟自己说，可能这就是宝宝在告诉我你的喜好吧，还是说想让我提前给宝宝尝试呢？想想这些，我心里就充满了兴奋和激动。那么小的宝宝，已经开始向妈妈施加"压力"传达意愿了啊。

还有，宝宝现在就开始给我带来麻烦了呢！要知道我可是新时代的职业女性，可不是过去只知道在家洗衣做饭的家庭主妇呢，我是承担着半边天的职责呦。可自从有了宝宝，我就开始犯难了，不是因为别的，是因为最近总是打盹儿，好多时候，刚刚醒过来没多久又困了。每次当我从桌子上爬起来，还是挺尴尬呢，总害怕别人说，哇，她不是刚睡过嘛！

可不管是站在镜子前看到自己开始圆润的脸，还是感受到乳房开始发胀甚至有时有些刺痛，我都觉得这是一种非常幸福的感觉。因为这是宝宝你开始切实地跟我共呼吸同命运呢。我知道，这是宝宝向我正式宣告他的到来，让我做好准备迎接这上天赐予的幸福。我会很珍惜这份福缘，当然爸爸也一样很期待呦。

孕3月

小家伙稳稳地扎根了

凤求凰

(汉)司马相如

有一美人兮，见之不忘。

一日不见兮，思之如狂。

凤飞翱翔兮，四海求凰。

无奈佳人兮，不在东墙。

将琴代语兮，聊写衷肠。

何日见许兮，慰我彷徨。

愿言配德兮，携手相将。

不得于飞兮，使我沦亡。

凤兮凤兮归故乡，遨游四海求其凰。

时未遇兮无所将，何悟今兮升斯堂！

有艳淑女在闺房，室迩人遐毒我肠。

何缘交颈为鸳鸯，胡颉颃兮共翱翔！

凰兮凰兮从我栖，得托孳尾永为妃。

交情通意心和谐，中夜相从知者谁？

双翼俱起翻高飞，无感我思使余悲。

孕妈妈这样解释给宝宝听：

有这样一个美丽的女子，自从我看了她一眼以后，就再也忘却不了她的容颜。哪怕隔上一天没有看到她，我心中的挂念就会逼迫得我要疯掉。我就好像一只茫然地飞翔在天宇的孤独的凤鸟，四处寻找着属于我的凰鸟。可惜我心中的那位美人并不在这东墙的附近。我弹琴表达我心中的千千情结，什么时候才能见到我的意中人，允诺彼此的婚事，能够携手同行这漫漫人生路呢？无法跟你在一起比翼双飞，让我这份失落的心情沮丧到了极点。凤鸟啊凤鸟回到了家乡，行踪不定遨游四海只为寻找属于他的凰鸟。时机没有成熟，怎么能感受到今日登临她的府邸那种心头所感？虽然这位美丽贤淑的女子就住在离这里不远的闺房，但她的人儿却离我那么遥远。什么样的缘分才能使得你我结为夫妇共同做那交颈缠绵的鸳鸯。希望我这凤鸟能够陪伴你这凰鸟一同翱翔在无际的天宇。凰鸟啊凰鸟，你愿意跟我形影不离做我的佳偶，彼此心意相通吗？就算你我半夜前后相随又有什么外人知晓呢？莫如你我一同展翅飞离这里寻找幸福，假如你感受不到我内心的这种煎熬的话，那我只剩下那寂静的悲哀了。

深有感触：

这首琴歌之所以一直流传至今，为人所津津乐道，最为关键的就是在那样的一个讲究"父母之命、媒妁之言"的时代，有人能够大胆地突破封建礼教的束缚，寻求真爱和自由的婚姻。所以，这首琴歌为后世众多反抗违背人性的封建礼教人士提供了精神上的支持与指引。这首琴歌通篇用凤和凰来比喻寻找真爱的男女，不仅仅形象生动，还彰显出了高雅的志趣。

庄子·秋水

秋水时至，百川灌河。

泾流之大，两涘渚崖之间，不辨牛马。

见笑于大方之家。

子非鱼，安知鱼之乐？

孕妈妈这样解释给宝宝听：

秋天的时候，洪水如往常一样按照季节到来，千百条小河流汇总到了黄河，使得黄河的水流巨大，河流的两岸以及中间的一些沙洲小岛之间都无法凭视力分辨牛马了。

在学问高深、见多识广的人面前我是留下笑柄了。

你也不是鱼，你怎么能够懂得鱼儿的快乐呢？

深有感触：

这首寓言其实就是让我们从小溪汇成河流最后流入大海蒸发于天地间的这一过程得到启发，能够感受到一个愈加广阔与奇妙的境界。同样地，要学会理性辩证地看待这个世界与事物，正确地培养起自己的世界观、价值观和人生观。

庄子·养生主

吾生也有涯，

而知也无涯。

为善无近名，

为恶无近利，

缘督以为经，

可以保身，

可以全生，

可以养亲，

可以尽年。

孕妈妈这样解释给宝宝听：

我的生命是有限的，但是知识是无限的。

做善事不求彰显自己的名声，做了一些坏事也不至于面对刑罚。遵循冥冥中的自然之道，作为自己的准则，就可以保全自己的生命，保护自己的个性，既可以养育自己的亲人，也能使得自己得以善终。

深有感触：

庄子这里是认为人的生命是有限的，不应该把自己有限的生命投入到无限的抗争与追求中去。假如做事都能放开点，不去争，不去抢，不要为了做善事而争权夺利，也不能因为行恶而遭受耻辱。最好的就是躲开人世间的一切是非，安安静静地生活，过完这一生。这种消极的态度显然是不可取的，因为这个世界不会因为你的闭眼而消失不见，不会因为你的退让而停止演变。

江帆楼阁图

名画小常识：

　　这幅代表了中国早期青绿山水画最高成就的作品是唐代画家李思训所作。这幅画主要描绘了游春的景象。

走近名画：

　　从画面上看得出，江边的水纹还有远处随波荡漾的小舟都是用细笔描绘出来的，这让天的辽远与水的壮阔都有机地结合在一起。江岸上则布满了郁郁葱葱的树木，在那延绵起伏、错落有致的山峰之间，几座零落的建筑物隐约可见。还有那些点缀在画面中的游人，充分地让人感受到了身临其境的感觉。

照夜白图·唐·韩干

照夜白图

名画小常识：

这幅画的作者是韩干，是唐玄宗时期有名的宫廷画家。他擅长画马，这幅鞍马绘画作品则是他的代表作。这幅画里的马一身雪白的皮毛，矫健有力，被人以"照夜白"称之。

走近名画：

我们可以看到画中的马是被拴在一根木桩上，但它那飞扬的鬃毛和刨动的4只蹄子展示了想要挣脱羁绊，自由奔跑的态势。马的不安分与木桩的纹丝不动构成了一动一静相映成趣的画面，同时在线条的勾勒上充分展现了马的精壮与活力。

金榜题名

　　在中国古代，读书人往往需要参加3个级别的考试，才能抵达权力的最高殿堂。分别是乡试、会试和殿试。一般说来，只要通过了殿试，就可以成为举人。而这些参加由皇帝担任主考官的殿试的进士，他们被录取之后，都会从一张由政府张贴的黄纸也就是金榜上找到自己的名字，他们名字的顺序是按照殿试的成绩高低排定名次的。所以只要名字出现在这张贴满录用进士名字的榜单上，就被称为"金榜题名"。

登科后

（唐）孟郊

昔日龌龊不足夸，今朝旷荡恩无涯；

春风得意马蹄疾，一日看尽长安花。

孕妈妈这样解释给宝宝听：

往日生活上的窘迫与思想上因不得意带来的局促不安如今是一扫而空了，因为今天的金榜题名已然使得心中的闷气一扫而空，上天的宠爱真是让人心旷神怡。骑着快马迎着温煦的春风，一路奔驰在这长安街头，不知不觉，早已将这长安城里的繁华景象看了个遍。

喜

（宋）汪洙

久旱逢甘雨，他乡遇故知。

洞房花烛夜，金榜题名时。

孕妈妈这样解释给宝宝听：

人生啊，有四大喜事，是让人遇到之后最为快乐的。首先是早已荒漠很久突然迎来了甜美的雨水滋润；其次是在一个人生地不熟的陌生地方突然遇到了以前故乡的老朋友；第三是结婚入洞房吹灭蜡烛的时候；最后就是看到自己的名字出现在殿试后张贴出来的黄色录取榜单里。

习惯了宝宝在我肚子里的感觉

是宝宝心疼我了呢，还是已经习惯待在我的肚子里，不再跟我闹别扭了呢？突然之间，前些日子出现的肚子胀、乳房发胀、不爱吃东西的症状全部消失了。除了身体变重了以外，感觉舒服多了，而且胃口也好多了。难道这是宝宝开始习惯了新家，已经完全可以开心、安静地待在我肚子里，期待过些日子的降生吧！

但是有一点我也发现异常了，当然这些是爸爸察觉的，因为他突然发现我的脾气变得好差，常常因为一些琐碎的小事而大动肝火。每当这个时候，爸爸总是特别善解人意地站在我这边，当了我的出气筒。

这个时期的宝宝已经到了快速发育的阶段。虽然看不到宝宝的具体形象，但是我已经无数次地想象过宝宝的容颜和笑容了。

孕3月　小家伙稳稳地扎根了

最适合中国孕妇的
国学胎教
胎教
Guoxue Taijiao

孕 4 月

最舒服的阶段到来了

抛砖引玉

公元前700年的时候楚国攻打绞城，采用了"抛砖引玉"的计策，所以很轻松地就攻打成功了。同年，楚国派出大批兵马去攻打绞国，也就是今天的湖北郧县西北附近。楚国的大军一路风驰电掣，很快就大兵压境，抵达了绞城。他们想一鼓作气攻下这个看起来不堪一击的对手。可是绞国也知道这次惹了大麻烦，要是出城迎战是肯定打不过的，所以他们选择了龟缩在城内，绝不主动出击。由于绞国的城墙坚固，地势险要，防守起来很是容易，因此楚国攻打的时候，付出代价很大却收效甚微。

就这样一来一去拉锯战了一个月，也没什么突破。后来，楚国有个叫莫傲屈居瑕的大夫想出个聪明的方法，他认为要想拿下绞城，只能用计。所以他经过周详的思考后，向楚王献计，说可以用诱饵来钓大鱼。他说："我们可以用点小利来引诱他们犯错，再去攻打他们。"楚王就问他到底该如何操作，他说："绞国已经被围困了一个月，城中肯定缺乏很多物资，比如取火用的柴火，我们可以派我们的士兵改扮成樵夫去打柴，绞国人看到了一定忍不住抢夺。一开始我们让樵夫看到有人抢劫后扔了柴就跑，给他们一点小利，等到他们尝到甜头，抢上瘾之后，我们可以派兵埋伏到他们的归路之上，等到他们出动大批兵马来抢夺柴火的时候，我们再蜂拥而上，一举歼灭他们，并且趁机攻入城中。"楚王还是有些担心绞国人不会上当。屈居瑕则信心满满地说："放心，别看绞国地方不大，人却很浮躁，浮躁的人是没有什么计谋的。现在有这么容易的得到好处摆在面前，他们怎么可能放弃呢？"楚王听了以后，就下定决心依照屈居瑕的计策去做。

果然，没过多久绞国人就看到了三三两两进山砍柴的樵夫。一开始，他们还很是谨慎了几天，可是发现总是樵夫自己砍柴，并没有士兵在后面跟随，他们就开始抢夺，得手几次以后，他们的贪心就越来越大，出城抢夺柴草的人也越来越多。楚王看到计策已经奏效，就决定收网了。等到第六天，绞国士兵仍旧像以往一样四处追赶樵夫抢夺，但这次就没那么幸运了，慢慢地他们就被引入了楚军的包围圈，然后被一网打尽。楚王在截断城外绞国士兵的同时，也发动了攻击绞城的行动，这时候，绞国人知道大势已去，只能投降了。

深有感触：

　　本来在三十六计里，抛砖引玉是指用一些没有价值的东西引出有价值的东西。那些短视的绞国人因为一些蝇头小利，却丧失了自己的主城，损失可谓巨大。可后来这个成语就逐渐演变成了一种自谦的说法。用来比喻自己用一些粗俗和不成熟的意见能够启发诱导出别人高明富有建设性的意见。

桃花源记

晋太元中，武陵人捕鱼为业。缘溪行，忘路之远近。忽逢桃花林，夹岸数百步，中无杂树，芳草鲜美，落英缤纷。渔人甚异之。复前行，欲穷其林。

林尽水源，便得一山，山有小口，仿佛若有光。便舍船，从口入。初极狭，才通人。复行数十步，豁然开朗。土地平旷，屋舍俨然，有良田美池桑竹之属。阡陌交通，鸡犬相闻。其中往来种作，男女衣着，悉如外人。黄发垂髫，并怡然自乐。

见渔人，乃大惊，问所从来。具答之。便要还家，设酒杀鸡作食。村中闻有此人，咸来问讯。自云先世避秦时乱，率妻子邑人来此绝境，不复出焉，遂与外人间隔。问今是何世，乃不知有汉，无论魏晋。此人一一为具言所闻，皆叹惋。余人各复延至其家，皆出酒食。停数日，辞去。此中人语云："不足为外人道也。"

既出，得其船，便扶向路，处处志之。及郡下，诣太守，说如此。太守即遣人随其往，寻向所志，遂迷，不复得路。

南阳刘子骥，高尚士也，闻之，欣然规往。未果，寻病终。后遂无问津者。

孕妈妈这样解释给宝宝听：

东晋的太元年间，武陵郡有个以打鱼为生的人，有一天，他无意中沿着小溪划船，看到了前面有一片桃花林，桃树沿着两岸密密麻麻生长着，里面基本没有别的树。一阵风吹过，满地散落芬芳的桃花。打鱼人看到这一幕，感到很好奇，他就沿着林子一直向前走，想看看桃林的深处究竟有什么。走到林子的尽头就发现了小溪的源头，这时候眼前出现了一座小山，小山那有个洞口，透着光亮隐约可以看到一条可以通行的小路。打鱼人就弃船钻进了这个山洞。一开始洞口窄得只够一个人侧身挤过。没过多久，就越来越开阔。继续走了几十步，就突然发现走出了山洞，看到了一大片开阔明亮的土地。在这片土地之上整整齐齐地排列着庄稼地、房屋，还有一些池塘和桑树、竹林。再往前走，还能听到一些鸡叫和狗吠的动静。田地里有些男男女女正在伏身干着农活。突然看到来了个陌生人，他们都很好奇，打鱼人也很好奇他们身上的穿着和自己宝宝不一样。桃花源里的人看到渔人很是吃惊，互相交谈之后，有人邀请他到他们家里去做客，又是杀鸡又是摆酒做饭，很是热情地招待了渔人。村里的人听说来了个外来客以后，也纷纷来看望他。其中就有人说他们祖先为了逃避秦时的战乱，拖儿携女地来到了这里之后就定居下来，一代代地居住在这里，逐渐就跟外界断绝了联系。他们询问渔人现在是什么朝代，他们根本不知道汉朝，更不用说之后的魏晋了。渔人竭尽所能地把他所知道的都一一转告了桃花源人，即使这样，桃花源的人还是感到万分惊奇，接下来的几天，桃花源里的人纷纷请渔人去家里做客。逗留了几天之后，渔人想要告辞回家了。临走的时候，桃花源里的人叮嘱他千万不要告诉外边的人关于他们这里的情况。

等渔人离开桃花源的时候，一路做了标记，等找到自己的船之后，就划回郡城，赶紧拜见了太守，告诉他自己的这番奇遇。太守听了以后就赶紧派人跟他去寻找这个桃花源，可渔人在寻找自己留下的标记的时候竟然迷路了，怎么也找不到那条通往桃花源的路了。

后来有个叫刘子骥的南阳人，品格高尚追求美好理想，听说这样的一个与世无争的地方以后，就兴致勃勃地谋划去那儿，可没等愿望实现就病死了，在他之后，就没什么人去探寻这个桃花源了。

深有感触：

有人的地方就有纷争，有纷争的地方就有江湖，如果有这样的一个地方，没有外来人的倾轧，只有自给自足，脱离了尘世的纷扰，各自友善相处，和睦待人，那么无疑是每个人心目中的理想境界吧。所谓的小国寡民，无意纷争，可能就是类似桃花源这样的理想模式吧。只可惜，正如那个渔人后来去寻找没有结果一样，这样的世外桃源可能只是我们能想到甚至看到，但最终却抵达不到的地方。

最适合中国孕妇的国学胎教

兵马俑

深有感触：

　　中国有悠久的历史，历朝历代都有着鲜明的代表事物。可是在秦代之后，有两件事物一直为整个世界所惊叹。一是长城，另一个就是兵马俑。自从1978年时任法国总统的希拉克说出兵马俑是世界第八大奇迹以后，就有了"来中国旅游没见过兵马俑就不算来过中国"的说法。依据这些兵马俑建立的秦始皇兵马俑博物馆是中国最大的古代军事博物馆。在两千多年前，建立相当于78个故宫大的始皇陵园，里面罗列着各式兵马俑，除了验证了当年庞大的、所向披靡横扫六国的秦国军队以外，那些栩栩如生、面部形态无一雷同的泥俑也体现了超时代的秦代雕塑技艺。

翠玉白菜

　　这件基本严格按照真实白菜尺寸制作的艺术品，是用上等的翠玉雕刻而成。平凡的素材，洁白的菜身和翠绿的叶子寓意当时清白的女子，而菜叶上停留的两只小虫子分别是蝈蝈和蝗虫，都是寓意其多子多孙。据传是清代光绪皇帝妃子瑾妃的陪嫁之物，后来被国民党从北京故宫携带到了台湾故宫博物馆。

三十六计

三十六计又被人称作三十六策，代表的是中国古代的36种兵法策略，大体是依据我国古代卓越的军事思想和斗争经验总结出来的，充分体现了我国古代人民的智慧。其中"借刀杀人""笑里藏刀""调虎离山""浑水摸鱼""偷梁换柱""苦肉计"等均是为人们所熟知的。

沉香救母

汉代的书生刘向，上京赶考的途中到华山游览。华山上有一座神庙，庙神华岳三娘是天上的仙女。这天，刘向进了神庙，三娘赶忙登上莲花宝座，化身为一尊塑像，刘向见塑像娴静、温婉，极为心动，但是这只是一尊塑像啊！与此同时，刘向的一表人才也深深地吸引了三娘。

三娘不顾天条戒律，要与刘向结为夫妻，从此二人相敬如宾，恩爱有加。刘向要去赶考，三娘此时已经有了身孕，依依惜别之时，刘向赠给三娘一块祖传的沉香，说日后生子就起名为"沉香"。而后，二人十里相送，难舍难分，泣不成声。

刘向一举高中，被任命为扬州府巡按，但是这时三娘却落难了。因为王母娘娘大寿，各路神仙都要去祝寿，三娘因为有身孕便推脱自己身染疾病不能前往。但是这却被三娘的哥哥二郎神知道了，他非常生气，责怪妹妹下嫁凡人，要捉她上天接受惩罚。三娘身边有一王母赠送的宝莲灯，是镇山之宝，竟然被二郎神盗走。可怜的三娘被二郎神压在华山下的黑云洞里，三娘在洞中生下了沉香，她生怕沉香也会遭此劫难，求夜叉将沉香送到了刘向身边。

沉香长到8岁，渐渐懂事了，非常担心母亲，要将母亲救出来。可是年仅8岁的孩子怎么能救出母亲呢？他吃尽苦头，来到华山，感动了霹雳大仙。霹雳大仙教会了沉香六韬三略、百般武艺、七十三变化。16岁的沉香带着师父送给他的萱花开山神斧告别了师父，他出发救母亲去了。

沉香腾云驾雾，来到华山黑云洞前。他声声呼唤自己的母亲，三娘知道自己的儿子已经长大成人，激动不已，她就将沉香唤到洞前，告诉沉香，二郎神神通广大，不好对付，让沉香去向自己的舅舅求情。

谁知二郎神铁石心肠，不但不肯放出自己的妹妹，还舞起三尖两刃刀，要向沉香下手。沉香气愤至极，觉得二郎神欺人太甚，连自己的妹妹都不放过，便抢起神斧，与他打起来。这场惊天动地的战斗惊动了太白金星，派了4位大仙去看个明白。四仙姑觉得二郎神身为舅舅，如此凶狠地对待自己家的孩子，实在太无情无义了。于是相互使了眼色，暗中帮助了沉香。这样一来，沉香越斗越勇，二郎神也招架不住了，沉香打败了二郎神，收回了宝莲灯。

沉香立即回到华山，举起萱花开山神斧劈开了华山，救出了母亲。受尽苦头的三娘，终于在16年后重见天日，她与儿子紧紧地拥抱在一起。

沉香因此也被玉帝敕封了仙职。二郎神也诚恳地向沉香和三娘认了错。

从此以后，三娘、刘向和儿子沉香幸福地生活在一起了。

五音、七音

　　中国古代的基本乐律分为宫、商、角（jué）、徵、羽五个乐音，其实就是对应了现代简谱上的 1（do）2（re）3（mi）5（sol）6（la），这就是我们所谓的五音。但五音数量较少，不足以满足音乐的整体需要，所以古人在五音的基础上就又增加了变宫（ti）、变徵（fis）两音，这样就形成了七音，基本上满足音乐的需要了。

中国古代名言警句

不飞则已，一飞冲天；不鸣则已，一鸣惊人。

不以规矩，无以成方圆。

仓廪实则知礼节，衣食足则知荣辱。

察己则可以知人，察今则可以知古。

差之毫厘，谬以千里。

长风破浪会有时，直挂云帆济沧海。

臣心一片磁针石，不指南方不肯休。

沉舟侧畔千帆过，病树前头万木春。

尺有所短，寸有所长。

从善如登，从恶如崩。

大丈夫宁为玉碎，不为瓦全。

大直若屈，大巧若拙，大辩若讷。

当断不断，反受其乱。

当局者迷，旁观者清。

得道者多助，失道者寡助。

登山则情满于山，观海则意溢于海。

海阔凭鱼跃，天高任鸟飞。

己所不欲，勿施于人。

莫愁前路无知己，天下谁人不识君。

绳锯木断，水滴石穿。

盛年不重来，一日难再晨，及时当勉励，岁月不待人。

幸福的孕期生活开始了

宝宝已经进入第四个月的成长期了，我也开始脱离那令人痛苦的孕吐状态了。或许是感受到宝宝在我肚子里沉甸甸的压力，我的食欲开始变得非常好，食量也开始大增了。难道是我吃得多了吗？我现在可以明显地感觉到小肚子隆起来了，而且肚皮上出现了难看的暗红色的花纹，不过一想到这是宝宝在妈妈肚子里努力长大才造成的，爱美的我就不在乎了，只要宝宝健康成长，别的什么都不重要了。

不过让我感到有些尴尬的是，脸上不知道怎么了，脸型变了不说，还出现了一些痤疮，我可是青春期的时候都没起过痘痘的人啊，怎么怀了小宝宝之后，还起痘痘了？没办法，受气包爸爸这个时候就是最好的减压对象了！

医生说这个时候宝宝已经有胎动了，可我还没有感受到，那种轻轻的触碰，就能带给我无限的喜悦。现在我变得像个糊涂虫，虽然有时候被爸爸嘲笑脑袋变笨了，可是再怎么忘事，我也记得跟宝宝聊天，给宝宝讲故事呢！

下腹部隆起明显了

十五夜望月

（唐）王建

中庭地白树栖鸦，冷露无声湿桂花。

今夜月明人尽望，不知秋思落谁家。

孕妈妈这样解释给宝宝听：

　　银色的月光洒落在院子的中央，地上仿佛铺上一层薄薄的霜，栖息在树上的鸦鹊早已进入了梦乡。冷冷的秋夜露水悄悄地凝结于桂花花瓣上，湿漉漉地压着桂花开始摇曳。想来在今天这样一个月圆明亮的夜晚，全天下的人一定都在抬头仰望着明月，就是不知道在这深秋的夜，那种浓浓的思念之情究竟是落在了哪一户人家。

深有感触：

　　都说八月十五的夜晚月明思乡。中秋节是我国的传统节日，可古往今来，在这样一个理应家人团聚的日子里，往往有着许多游子独自一人在外地清冷的宅院里思念着故乡。虽然同处在这一轮明月下，可清冷的月光总是照拂在那些孤独屹立庭院思念家人的游子身上。如果有一天宝宝长大了，也要远行，独自过中秋，我们彼此也一定会深深思念的。

下终南山过斛斯山人宿置酒

（唐）李白

暮从碧山下，山月随人归，

却顾所来径，苍苍横翠微。

相携及田家，童稚开荆扉。

绿竹入幽径，青萝拂行衣。

欢言得所憩，美酒聊共挥。

长歌吟松风，曲尽河星稀。

我醉君复乐，陶然共忘机。

孕妈妈这样解释给宝宝听：

　　傍晚时分，我从终南山上走下来的时候，那轮挂在山顶的月亮仿佛跟随着我的脚步在移动。偶尔回头望向走过的山间小路，发现只能看到一片苍茫的绿色森林。我在途中遇到了斛斯山人，我们相约一起去他家，刚到他家，小孩子就急忙跑出来打开柴门迎接我们。在一条幽静的小道两边是绿油油的竹林，走过去的时候青萝叶不时地擦过我们的衣裳。难得遇到知己闲聊，开开心心地频频举杯喝酒聊天，身心都感到无比放松。大声地唱着歌，伴随着穿过松树林的风声，等到曲终人散的时候，发现天上的星星已然稀疏了。见我喝醉了主人非常高兴，因为只有在这种没有设防的放松心态下才能开怀畅饮。

深有感触：

　　人生得意须尽欢，莫使金樽空对月。在一个远离世间嘈杂与钩心斗角的深山老林里，能够毫无顾忌地跟几个谈得来的人高谈阔论，敞开怀来唱歌饮酒，的确是使人忘记了种种心机。在这里，能够得到最大的放松，身心都会得到休息。因为看到我醉了，招待我的主人更加开心了，因为他觉得我没有敷衍和应付，是真正地把他当朋友才会喝得醉醺醺。或许，这也是中国酒文化的一个特色，只有在彼此毫无顾忌和心机的情况下，才能真正地放开喝酒不惧喝醉，否则各怀心机的人又怎能凑到一起喝醉呢。

富春山居图

名画小常识：

　　这幅《富春山居图》是元代大画家黄公望的山水画代表作。因为作者晚年的时候居住在富春江附近，所以奔波于富春江两岸多年后，为一个叫谢无用的和尚朋友所画。经过多年的观摩和积累，这幅画成了明清以来山水画家们极力效仿的经典。

走近名画：

　　整个画面中一眼就能看到的是中段那连绵起伏的群山：最高的那座仿佛就在眼前，其他的山峦逐渐向外推移，最后仿佛看到众山在转动一样。偶尔几艘渔舟出没在那茫茫的江水之中，整个画面显得非常恬静和谐，布局是从平面向纵深发展，所以整体看来特别自然真实。用笔上就如同写字一样，几种干笔浓墨点绘、横笔大混点描绘等手法夹杂使用，显得轻松洒脱，豪放自如。

富春山居图·元·黄公望

人骑图

名画小常识：

　　这幅《人骑图》是唐代赵孟頫的作品，长52厘米，宽30厘米，现藏于北京故宫博物院，是著名收藏家丁燮柔于1959年捐献给国家的。赵孟頫可谓是一代书画大家，他命运多舛，经历了矛盾复杂而荣华尴尬的一生。他从小就喜欢绘画，5岁开始学习书法，对书画的痴迷程度罕见，从这幅画中能看出画者是经过长期的钻研和实践才能有此造诣的。赵孟頫自己对这幅画也非常满意，由衷地发出"此图自不愧唐人"的感叹。

走近名画：

　　从这幅画中，可以看到一个文人穿着一件红色长袍，手里拉着缰绳，他胯下的骏马膘肥体壮，跨步欲行。这幅画的线描很成熟，笔法细腻，代表了早期人物鞍马风格。虽然画面中只有马和人，但是整幅画很和谐，很生动。此画中印章颇多，可见众人对这幅画的追捧。

人骑图·元·赵孟頫

西厢记

张生独自一人赴京赶考，途中经过普救寺，在那里遇到了送父亲灵枢回河北安平安葬的崔莺莺。看到了崔莺莺之后，张生被美艳动人的姑娘打动，为了能多见崔莺莺几面，他就借宿在寺院的西厢房。后来趁着崔莺莺每晚到后花园烧香的时机，张生常常吟诗给崔莺莺，一来二去，两人互生好感。

但好景不长，有一位叫孙飞虎的将军听说了崔莺莺的美貌之后，就带了五千兵马包围寺庙，想要强行抢亲。性格刚烈的崔莺莺宁死不从，在这危急关头，崔莺莺的母亲崔夫人答应只要打退这位孙飞虎，她就答应将女儿许配给这位解决危机的人。张生见此情形，找来好友杜确打退孙飞虎。可这时候崔夫人却心生悔意，只让张生和崔莺莺结为兄妹，让张生另择佳偶。崔莺莺的丫鬟红娘看不得两人受此相思煎熬之苦，寻找机会安排两人偷偷幽会。时间久了被崔夫人发现了，崔夫人以张生必须考得功名为理由再度分开两人。

张生与崔莺莺十里长亭分别，进京赶考取得功名，最终以河中府尹身份回来，迎娶崔莺莺，最终有情人终成眷属。

五行

　　五行是中国古代的一种物质观。古人认为大自然是由金、木、水、火、土5种要素相生相克衍变产生的。这5个要素的不断衍变，使得大自然也不断衍变，不仅仅影响到宇宙万物的循环，同时也能影响到人的命运。这种观念强调了整体，也描绘出了事物的结构关系和运动形式。

　　它们之间的关系是木生火，火生土，土生金，金生水，水生木，这是相生的关系。至于相克方面的关系是木克土，土克水，水克火，火克金，金克木。按照古人的说法，顺应五行发展也就是顺应整个自然规律，意味着顺天而行，自然万事顺利。如果违背五行，那就是逆天而行，自然会行事颠倒，最终失败收场。

杯弓蛇影

很久以前有个叫乐广的人，他很聪明，还很明白事理，又非常懂得运用道理说服别人。一天，乐广的一个故人到他家中喝酒谈天，酒过半巡，那位朋友突然脸色苍白很不舒服，然后就回家了。之后的一个多月，这位朋友都没有再去乐广家。乐广很不放心，就派人去探望。下人回来说，那位朋友生病了，原来上次他在乐广家中喝酒时，看见酒杯里有条小蛇，当时心里就很害怕，担心把蛇喝到肚子里会生病，却又不好意思拒绝乐广敬酒，回家后果真生病了。

乐广听后，心里很奇怪，酒杯里怎么会有蛇呢？于是，他走到上次喝酒的地方仔细地查看。乐广抬头看见墙上挂的弓后，恍然大悟，马上派人去请那位朋友再来喝酒，说只有这样才能治好他的病。

朋友来了，乐广还是请他坐在上次喝酒的地方，那位朋友担心地朝酒杯里一看，酒杯里还是有一条蛇，不由得吓出一身冷汗。乐广哈哈大笑，指着墙上的弓说："其实酒杯里什么都没有，那是墙上弓的影子。"

乐广把弓摘了下来，这回杯子里的小蛇真的不见了。这位朋友立刻就不害怕了，病也好了。

孕妈妈这样解释给宝宝听：

这个成语故事很有意思，它批评的是心里总是疑神疑鬼的人。疑神疑鬼是心病，心病还须心药医。故事中的乐广就是使用心理暗示的方法一步一步地引导朋友，做到了对症下药，使得病人解开心结，无药自医。

和宝宝说说话

　　我已经怀孕5个月了，和宝宝共处的这5个月时间里，我很快乐，也很辛苦，现在我已经走过了孕期不适的阶段。大家都说现在这段时间是孕期最幸福的时光，我会好好珍惜。我现在每天都很开心，只要抚摸着自己的肚子，感受着宝宝的存在就是最大的幸福了。有的时候宝宝会像小豆豆一样地跳，真有意思，宝宝是在和我打招呼吗？

　　宝宝在我的身体里已经5个月了，孕期已经走过了一半时间，现在我为了宝宝的健康，每天吃很多好吃的，姥姥每天也很辛苦，买菜做饭，都是希望宝宝能有一个健康的身体底子。这个月的体检，医生说宝宝和我都很健康，让我多注意活动。我会注意多运动的，吸收了这么多营养，我不希望宝宝变成小胖子。

　　我已经给宝宝听了很多不同的音乐，宝宝喜欢哪种风格的呢？我希望宝宝将来能有个好脾气、好修养，喜欢音乐，爱好绘画。我是不是太贪心了？其实只要宝宝健康地出生，就是我最大的心愿。

最适合中国孕妇的
国学胎教
Guoxue Tai jiao

孕 **6** 月

是公主还是王子

铁杵磨针

现在大家都知道的唐代大诗人李白，小时候并不是特别爱好学习，经常在上学的时候偷偷跑到大街上去玩。

有一天，李白又没有按时去上学，悄悄跑到街上溜达，走来走去，不知不觉就走到了城外。明媚的阳光加上和煦的暖风让李白觉得非常的惬意，他不禁喃喃自语："这么好的日子，为什么要浪费时间窝在房间里读书呢？"

继续向前走了没多远，前方有一座小草屋，屋门外坐着一位白发苍苍的老太太，正低着头使劲地磨着一根筷子那么粗的铁棍。李白很好奇，就走过去问："老婆婆，你磨铁棍干什么呀"？

老婆婆抬起头来，看到是一个小男孩在问自己，就笑呵呵地回答："婆婆呀，是想把这根铁棍磨成一根绣花针来用。"

李白大吃一惊："绣花针？是用来缝衣服的绣花针吗？"

老婆婆回答道："对啊，就是缝衣服的绣花针。"

李白有点怀疑地说："铁棍这么粗，那得什么时候才能磨成针啊？"

老婆婆看了看李白反问道："滴水都能穿石，愚公也能移山，那为什么这根铁棍就磨不成绣花针呢？"

李白有些不好意思了，低下头来小声地说："可婆婆您年纪都这么大了，能……"

老婆婆直截了当地接过话来说："只要我比别人更努力，更肯下功夫，就没有做不成的事。"

听到老婆婆这么坚定的话语，李白觉得脸都红了，想想自己天天游荡无所事事，对比老婆婆这么大年纪还斗志昂扬，心里十分惭愧。他暗下决心，回去以后一定好好努力读书，奋发做人。果然，回去后，李白痛改前非，发奋读书，终于成为了名垂千古的大诗人。

孕妈妈这样解释给宝宝听：

　　天底下没有做不成的事情，但是一定要有耐心和恒心，希望我的宝宝长大后一定要坚定信念，持之以恒，不管做什么事情，一定会成功。

游子吟

（唐）孟郊

慈母手中线，游子身上衣。

临行密密缝，意恐迟迟归。

谁言寸草心，报得三春晖。

孕妈妈这样解释给宝宝听：

　　慈祥的母亲手中的一针一线，都是给即将离开家的孩子缝制结实耐用的衣服的。在孩子即将离家远行的时候，一针一线细密地缝着新衣，是担心孩子归来的日子可能会很久，所以要把衣服缝制得更结实些。面对如三春阳光一样无边无际的深沉的母爱，我们这些像小草一样的儿女怎么报答都难以回报以万分之一。

深有感触：

　　宝宝，你现在安安静静地待在妈妈暖暖的肚子里，等你将来出行的时候，妈妈该是多么舍不得。你在外面闯荡，妈妈会担心你吃得饱不饱，穿得暖不暖，儿行千里母担忧，到时妈妈把想念的丝丝缕缕一针一线地缝到你的每一粒扣子上，把对你的思念塞到你行囊的每一个角落里，让妈妈的爱陪你度过在外面的日日夜夜……

秋山问道图

名画小常识：

这是宋代画家巨然的代表作。巨然是一位佛教徒，总是喜欢参禅，所以他对佛道思想的一些感悟也往往体现在其画作中。他的画风是使用淡淡的墨色和流畅的笔法来营造一种空灵的境界，画法属于"淡墨轻岚"类型。

走近名画：

这是一幅秋景山水图。画面的上方那座主峰几乎都要戳破画纸冲出去，底下的层层山峦看起来像梳子一样滑顺。在画面的中部，可以看到茂密的树林里隐约可见几间草屋，看着敞开的屋门会发现有两个老人盘腿而坐，好像在谈论着佛理。画面的下方是一条小河，旁边的树木亭亭玉立，蒲草摇曳身姿，整体给人一种恬静、空灵、通透的感受，无疑符合了佛家出世无尘之美的境界。

秋山问道图·宋·巨然

匡庐图·唐·荆浩

匡庐图

名画小常识：

　　这是一幅代表了成熟水墨山水画水平的画作，出自于唐末的荆浩，这幅代表了他画风和成就的画作，同时也是我国宋代以前具有山水全景模式画作的一幅典型作品。荆浩除了擅长山水画以外，还喜欢画佛像，被誉为北方山水画派的祖师爷。

走近名画：

　　从题材来看，这幅画选择的是麓山一带的风景，画家通过对北方的崇山峻岭的描绘来表现整个神州大地的巍巍雄壮，那代表了大自然这种雄伟风格的全景山水则是掀起了新的篇章，为后世开拓了新的领域。从构图来看，作品是立轴式纵向布局。由下而上，一层高过一层，将树木、河流、房屋、行人到舟船，一一收入图中，再配上深浅适中的墨来阐发真实的生活感受，整体构图不仅体现了立体感和厚重感，同时水墨画法的特殊韵味也尽展无疑。

弄璋之喜

在封建时代，人们重男轻女，所以一旦生了男孩，全家欢庆，可若是女孩，则受到的重视程度则大大降低。璋，在古代就是好的玉石。所以，给男孩玩的是好的玉石，给女孩玩的就是普通的瓦。当然，这个瓦并非是房屋的瓦，而是陶制纺车上的一个零件。所以，男孩将来长大了是要做官佩戴玉石的，女孩长大了无疑只能纺纱织布，这其中凸显了古代的男尊女卑。所以，一般家庭生了男孩，就可以称作"弄璋之喜"，反之则是"弄瓦"。

白蛇与许仙

　　传说在南宋初期，杭州有一个小伙计叫许仙，有一年清明许仙去灵隐寺附近上坟，在回来的路上遇到了大雨，所以就在断桥的附近雇了艘船回家。就在这个时候碰到了两个修行千年的蛇妖白蛇白素贞和青蛇小青，白素贞一眼就相中了这位白白净净的小伙计许仙，所以主动上前搭讪，要求一起搭船。许仙不仅答应了，在到地方以后因为大雨未停还将自己的伞借给了白素贞，自己冒雨跑回店里。

　　第二天，许仙跑去白素贞幻化出来的家里取伞，在受到盛情款待和小青的极力劝说下，血气方刚的许仙就和白素贞成亲了。之后不久，白素贞出资，两人迁居到镇江开了一家药店，一时间，夫妻恩爱，生活异常美满。

　　可惜好景不长，镇江的金山寺主持法海和尚发现白素贞是蛇妖以后就要除妖降魔，一定要将白素贞降服。所以，他唆使许仙在端午节骗白素贞喝下雄黄酒之后显露了原形。许仙经受不住这个刺激，一下子吓死了。白素贞为了救活丈夫，不顾重重危险，跑去昆仑山盗来仙草救活许仙。但是许仙病好后，又再次被法海给诱导去金山寺出家。多次寻夫未果的白素贞一怒之下水淹金山寺，这下引来了天兵天将干涉，一番打斗后，白素贞败下阵来回到杭州，趁机跑回杭州的许仙也得以与白素贞相聚。没多久，白素贞生了一个儿子取名许仕林，可就在孩子满月的时候，法海再次追来杭州，将白素贞镇压在雷峰塔下，扬言等塔倒才能放了白素贞。

　　多年后，苦修有成的青蛇小青回来推倒雷峰塔救出白素贞，两人一起升天而去。而被打败的法海怕被追杀，躲进了螃蟹壳里，今天我们吃螃蟹时看到壳里的那个"蟹和尚"，传说就是法海变的。

宝宝健康快乐是我最大的心愿

宝宝和我相依为命、合二为一的日子就剩下不到4个月的时间了。宝宝越来越大了，我也越来越辛苦，但是我感觉很幸福。我希望宝宝一直强壮下去，当我肚子已经大到装不下宝宝的时候，宝宝也就该出生了。

我曾经无数次地幻想，如果宝宝是一位小王子，我希望宝宝比金秀贤的长相帅气，比李敏镐的身材魁梧，不不不，我最希望宝宝能健康成长，这比什么都重要。健康快乐，拥有一颗积极向上的心态，保持乐观友善的个性，即使一生平凡，也是成功满足的一生。

如果宝宝是一个男孩子，爸爸会带你去足球场踢足球，去篮球场打篮球，赤臂上阵，挥洒汗水。男孩子就要有男孩子的阳刚之气。如果宝宝是一位公主，那我好有福气啊，都说女儿是妈妈的贴身小棉袄，我从此就多了一个伙伴，我要给你梳辫子，扎漂亮的头绳，穿白雪公主的裙子。我要带你去迪士尼乐园，感受梦幻般的童话世界。以后我逛街再也不用央求爸爸啦，宝宝陪我去吧，我们要穿一模一样的母女装，在任何一个地方摆出最幸福的造型。

这个月我就可以知道宝宝的性别了，其实不管男孩还是女孩，宝宝都是妈妈的心肝宝贝，都是我和爸爸的骄傲，都是我们一生的牵挂和期望，只要宝宝幸福、快乐、健康，就比什么都好。

小家伙胎动越来越多

舟过安仁

(宋) 杨万里

一叶渔船两小童，
收篙停棹坐船中。
怪生无雨都张伞，
不是遮头是使风。

孕妈妈这样解释给宝宝听：

　　有两个小孩子坐在一艘扁扁长长的渔船上，他们把撑船的竹篙和船桨都收拢在船中，坐在船里，奇怪的是也没有下雨他们却都把雨伞给打开了，仔细一看，原来他们打伞不是为了遮雨，而是想利用伞借来风力，带动渔船向前行驶啊。

深有感触：

　　宝宝你看看这两个小朋友多有想法啊。难怪说小孩子的想法千奇百怪呢，但是也是很有想象力的，对不对？宝宝将来也要发挥好自己的想象力，要天马行空呀。

盘古开天地

很久很久以前，那个时候没有蓝天白云，也没有绿草红花，整个世界都是混混沌沌的一片，黑乎乎的。可就是这个像鸡蛋似的世界在过去了一万八千年以后，诞生了一个力大无穷的神仙，这个神仙就是我们后来所说的盘古。

盘古诞生以后，刚睁开眼睛就发现周围是黑漆漆的一片，什么都看不到。一怒之下就拿起与他一同诞生的斧头向前劈去，劈来劈去，把整个世界都打乱了。经他这番搅动以后，那些既轻又亮的东西就开始向上飘去，变成了天；那些又重又浊的就沉到下面，变成了地。盘古站在这刚开辟出来的天地间，使劲踩着地举着天。一天天过去，盘古越长越高，天地间的距离也越来越远。这样又过去了一万八千年，天变得很高，地也变得很厚，可是盘古却累死了。

盘古死后，他的头变成了高山，四肢也化作了连绵起伏的山脉，他的眼睛一个变成了月亮一个变成了太阳。他的血液变成了江河湖海，他的头发变成了树木花草，呼吸变成了风雷，最后他变成了整个世界的奠基人。

兰竹图

名画小常识：

　　这幅画是清代著名的"扬州八怪"之一的郑燮郑板桥的代表作之一。郑板桥是我国历史上著名的思想家、文学家与艺术家，他还是当时扬州画派的代表人物，他最擅长画竹。这幅《兰竹图》正是体现了他创作主张的一幅画。郑板桥向来主张先要"眼中之竹"，然后才是"胸有成竹"，最后落笔时才能"手中之竹"。

走近名画：

　　从画面来看，有半幅版面都是巨大的峭壁，给人以横空出世之感，就是在这陡峭的山壁上，却丛生着数处幽兰与箭竹，彼此伴生，一同在风中摇曳生姿。整体画面以石为主脉，有机地分布着竹与兰，整体既有险峻巍峨，又有清秀苍劲，给人以一种清高脱俗、和谐自然的感觉。

兰竹图·清·郑板桥

踏歌图

名画小常识：

　　马远，南宋前期著名的画家。出身于绘画世家的他，尤为擅长山水、花鸟、人物题材。因为他作画总喜欢将山景置于画作一角，所以被称为"马一角"，这幅《踏歌图》就是他的代表作之一。

走近名画：

　　这是一幅表现京城郊外雨后天晴景色的山水人物画。从画面上来看，一个胡须花白的老农正好拄杖过桥，左手抚摸腮帮，抬腿摆身，又像是在走，又像是在跳舞。后面还有一个老农非常激动地拍打双掌像是在给前者打节拍，在他后面就像是一个喝多了的老农生怕跌倒死死地拽着前者的腰带，最后的一个老农自己扛着个酒葫芦，好像已经喝得醉醺醺。周边是两个小孩好奇地看着这4个明显喝醉了的老农。画面中虽然远处有险峻高挺的山头和云雾缭绕的山林，但整体的焦点无疑是在这老少6人身上，构成了一幅老少相宜的图景。

宿雨清畿甸
朝陽麗帝城
豐年人樂業
壠上踏歌行

踏歌图·南宋·马远

古代的胎教

　　从古到今，人们对于胎教一直很重视。古人不仅仅重视孩童的教育问题，也重视尚在娘胎里的胎儿的教育问题。唐代有一位妇女曾经写过一本书叫《女孝经》，其中就借曹大家的口谈论了胎教的意义和方法。

　　人从孕育那天就无时无刻不受到天地的约束，生来就具有一定的习性。假如在孕育的时候感受到了恶那么出生后也会为恶，反之则会为善。所以怎么能忽略在养胎期间的教育呢？过去女人怀孕的时候不侧着身子睡觉，也不只是搭边坐着，站的时候不要斜着，不要走道路的左侧，饭菜不正式不要吃，坐席不正就不要坐。不要看那些妖艳的东西，也不要听靡靡的乐声，不要说那些倨傲的话，手里不要拿些不正经的东西，晚上要多读写诗书，白天要讲讲礼乐。这样生出来的孩子，面容端正，品德高尚，这正是因为注重了胎教。

　　除此以外，孙思邈也曾经提倡过怀孕的时候多看看犀牛猛兽、珠宝玉器，长长见识；多去拜访品德高尚、学问高超之人，长长品德。平时无事的时候，还要弹弹琴来调节自己的心情，做到心平气和。

　　最后有一件事一定得提到，那就是在贞观五年也就是公元631年的时候，唐太宗李世民曾经特地颁布了一道诏令，但凡家里妻子分娩还没出一个月的文武官员可以不用晚上值班，回去照顾老婆孩子，这也体现了古代从帝王那里就特别重视养育后代和尊重妇女。

古代生育的风俗

　　清代光绪年间，广东惠州地区的新媳妇出嫁时，得有一人手里捧着烘炉火炭，用贴着红色双喜字的瓦片盖在上面，寓意以后子孙繁衍昌盛，等来到婆家门前的时候，一定要由生有多子女并且长寿的老人搀扶进门，也是希望新媳妇将来能多子多福。

　　结婚后，为了早日怀孕，新中国成立前福建泉州有这样的习俗：元宵节的时候，娘家要给新出嫁的女儿送上红白成对的莲花灯和"仙女送子"的皇都市灯，也就是送上"早生贵子"的祝愿。

　　怀孕期间，需要严格注意妇女孕期的保健。新中国成立前在上海郊区流传这样的习俗：当女儿怀孕后，娘家在女儿怀孕3个月左右，送一张单人床到女婿家，称之为"送分床铺"。暗示的就是从此以后为了保护孕妇的健康，夫妇应该分床而睡了。但这都是针对头胎而言，以后就不会再重复该习俗了。

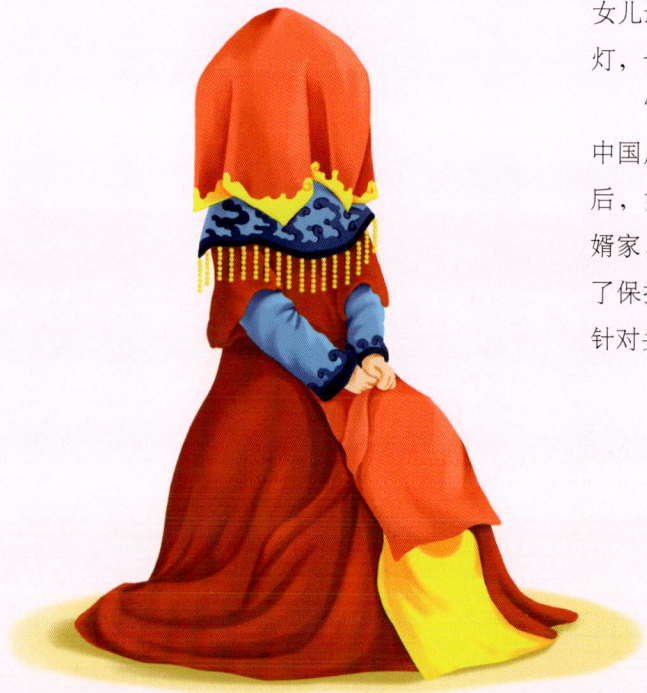

胎动的感觉

从第一次感受到宝宝的动作，已经有100多天的时间了，这段时间宝宝的活动越来越频繁，也越来越有力量，我经常被宝宝吓到。我经常和身边一样怀宝宝的阿姨探讨，原来每个妈妈在孕期时感受到的胎动都会不太一样，有的妈妈说胎动就像宝宝在吐气泡，有的妈妈说胎动就像是宝宝在肚子里面滚动，有的妈妈说宝宝好像在肚子里面练武功。哈哈，好奇特啊！我觉得宝宝有的时候像在打拳，有的时候又像在打嗝，是真的在打嗝吗？我也搞不清楚。

这段时间，宝宝在我肚子里玩得很欢快，吃饱了就睡，睡饱了就玩。让我知道宝宝很健康地存在着，这是一种无声的信号，是我们母子之间最贴心、最安慰的提示。

我经常幻想，宝宝现在在干什么呢，做鬼脸？打哈欠？小样子一定非常可爱，一定像个聪明的精灵一样，在羊水中游来游去，宝宝用特有的方式和我交流，我们心有灵犀，这是任何人都无法取代的联系。有的时候我去医院产检，真的很紧张，总是害怕宝宝有什么不健康的地方。还好，每次医生都会很开心地告诉我宝宝一切都很好，这真是比任何事情都让我兴奋。那种从心底流露出的惊喜，真是一辈子难忘的回忆！没有做过妈妈的人，永远无法体会。所以，我要感谢宝宝，有了宝宝的存在，我觉得整个人生都大放异彩，更无法想象，没有宝宝的日子我将如何度过。拜托宝宝，一定要健康，一定要快乐，我期待着与宝宝相见的那一刻！

最适合中国孕妇的
国学胎教
Guoxue Taijiao

孕 8 月

已经是大腹便便啦

一剪梅·红藕香残玉簟秋

(宋) 李清照

红藕香残玉簟秋。

轻解罗裳，独上兰舟。

云中谁寄锦书来，雁字回时，月满西楼。

花自飘零水自流。一种相思，两处闲愁。

此情无计可消除，才下眉头，却上心头。

孕妈妈这样解释给宝宝听：

　　池塘里的荷花已然谢了，残留在空气中的香味也消失了。躺在又凉又滑的竹席上，感受到了深秋的那种凉意。慢慢地换下了薄纱罗裙，划着一叶扁舟在这湖面上轻轻地行驶。抬起头来看看那远处不断收卷变化的白云，想象那天边是否有人正在给我写信。这个时候大雁们排成一列列"人"字，向南方迁徙。皎洁的月光洒落在坐落于西边的一座小亭楼阁。花儿自由自在地飘落，水也自由自在地流淌，分离在两地的你和我，此时都涌起了一股浓浓的无法割舍的相思愁绪。这份离愁相思，刚刚从皱起的眉头上消失，却又悄悄地涌上了心头。

深有感触:

　　这是宋代著名的女词人李清照的一首词。当时是有感于与其丈夫赵明诚离别之后那种分隔两地的浓浓相思之苦。全词格调清新、柔婉，用女性的视角写出了那种相思的真挚情感。

朝三暮四

　　过去宋国有个叫狙公的人，特别喜欢猴子，所以就在自己家里养了一大群猴子。养猴子时间久了，他也就变成一个动物专家了，非常了解自己猴的心思，同样地，猴子也非常理解狙公的言行了。狙公对这群猴子好到了宁可省下家人的吃食，也不会亏待了猴子。可坐吃山空，时间慢慢过去，狙公家里的存粮也不多了。没办法，就开始喂它们香蕉吃，可后来香蕉也供应得有困难了，狙公就想定量给它们吃，一开始跟猴子们说早上3根晚上4根，可猴子们一听早上才3根，根本就不干，和狙公吵闹起来。狙公灵机一动，改说早上四根，晚上三根，其实总数没变，可是猴子们一听比开始说得多，就同意了。这就是"朝三暮四"这个成语的由来。

深有感触：

　　宝宝，这个看似非常有意思的故事实际上是在教育我们不要欺骗玩弄别人。这个成语现在要表示的不是这个意思，而是批评那些做事反复无常的人，我的宝宝将来一定不要做这样的人。

邯郸学步

　　大概在两千年前，燕国有个不知道具体叫什么名的少年，大家都管他叫寿陵少年。

　　这个少年的家境不错，吃穿不愁，人长得也像模像样，可是他自己却始终有种自卑感，总感觉什么都比不上人家。穿的衣服没人家的鲜亮，吃的东西没人家吃得好。就连走路也觉得自己的姿势不如别人有架势。反正他看到别人干什么，他就去学，因为他总觉得别人做任何事情都比自己强。

　　家里人看到他这样，就一个劲地劝他，可是他却嫌家里人多管闲事。

　　有一天在路上，他听到几个人聊天说邯郸人走起路来，那姿势才叫美。他听到这里，不禁心痒了，赶紧上去打听，可那几个人看到是他，大笑着就扬长而去了。

　　接下来的几天，他实在无法忍受自己的好奇心，就决定自己偷偷跑到邯郸去学习那边的人如何走路。

　　等到了邯郸，他看到什么都觉得新鲜。看到小孩走路，觉得洋溢着活力，他学。看到老年人走路，他觉得稳重，他学；看到妇女走路，觉得婀娜多姿，他也学。半个月过去了，他哪个都没学会，结果连怎么正常走路都不会了，只好爬着回家乡了。

孕妈妈这样解释给宝宝听：

　　这个小寓言故事是记载在《庄子·秋水》里的。说明了如果不懂变通地模仿别人，不仅无法学到别人的长处，反而会把自己的优点和长处都给丢掉。

潇湘图

名画小常识：

　　这幅画的作者是五代时期的董源，他的这幅作品是中国山水画历史上非常有名的代表性作品。该画描绘的是潇湘一带的优美风景，现在是收藏在北京故宫博物院的国宝级文物。

走近名画：

　　"潇湘"说的就是湖南省境内的两条江：潇河和湘江，两者最后汇入洞庭湖。从画面上看山峦缓慢起伏，山林间水雾缭绕，看起来是夏夜朦胧时刻，稀薄的光线仍旧在水波上荡漾跳动，另外一边出现的是一条即将过江的渡船，船上的人与送行的人相互应答，另一边则是勤劳的渔夫撒网捕鱼。整幅画体现出画家那种秀美圆润、优雅朦胧、朴实天真的境界。

潇湘图 · 五代 · 董源

采薇图

名画小常识：

　　这是一幅收藏在北京故宫博物院的绢本画，主要描绘的是一个广为人知的历史故事：周朝初期，伯夷、叔齐两兄弟为不吃周朝的粮食而在山中挖野菜充饥，最后饿死山中，体现了古人的"饿死事小，失节事大"的高风亮节。作者是宋代的李唐。

走近名画：

　　因为这是画家为了体现伯夷、叔齐的高风亮节，整幅画的氛围显得既肃穆又凝重，同时也给人一种凄凉萧瑟的感觉。最前方的一松一枫相对而立，骨干清高，无疑是画中人的性格体现。画面中心一块大石上相对而坐的就是画作的主人公伯夷与叔齐，两者神态之中体现了彼此的友爱和对周武王的不屑与抗诉。

采薇图·宋·李唐

六婆

六婆用来指代古代几种民间妇女所从事的职业。

具体就是指牙婆、媒婆、师婆、虔婆、药婆、稳婆。其中牙婆就是专门贩卖人口的人口贩子，买卖人口去当奴婢与侍妾。媒婆就是专门替别人介绍婚姻的媒人。师婆是指帮人画符念咒，算命请神的巫婆。虔婆就是指妓院的老鸨子。药婆就是指专门卖药的女人。稳婆则是专门负责接生的接生婆。

媒婆与红叶

　　自古媒婆就与红字结缘，《莺莺传》中莺莺的侍女的名字叫红娘，故事中红娘一直为莺莺和张生牵线搭桥，制造机会让他们约会，所以后人就将专为别人牵红线的人叫做红娘。宋朝《太平广记》也是一本非常有代表性的集大成的图书，书中记载了一个唐僖宗时期的故事。一名宫女，名字叫韩翠苹，因宫中寂寞，她将情话写在了一片红叶上，然后将这片红叶放入了河水中，红叶顺着河水漂流而下。但是这片很不起眼的红叶竟然被下游的于佑捡到。于佑非常珍惜这片红叶，看了这片红叶上的诗词，甚是动情，于是也写了一首情诗，并以相同的方式将红叶放入河中。无巧不成书，这片红叶偏偏被韩翠苹拾到。后来韩翠苹被放出宫去与于佑结为连理，这个故事也被传为一段佳话。所以，红叶也被视为媒婆。

四书五经

　　这是中国儒家经典书籍的一种合称。
四书所指的就是《论语》《孟子》《大学》《中
庸》；五经所指的就是《诗》《书》《礼》《易》《春
秋》。基本上古人无论是学习儒家经典理论还是参加科举
考试，都离不开这些经典书
籍。它们不仅是儒家思想
的核心体现，同时也
是中国传统文化的
重要组成部分。

大学

　　大学之道，在明明德，在亲民，在止于至善。知止而后有定，定而后能静，静而后能安，安而后能虑，虑而后能得。物有本末，事有终始。知所先后，则近道矣。　古之欲明明德于天下者，先治其国；欲治其国者，先齐其家；欲齐其家者，先修其身；欲修其身者，先正其心；欲正其心者，先诚其意；欲诚其意者，先致其知；致知在格物。物格而后知至，知至而后意诚，意诚而后心正，心正而后身修，身修而后齐家，家齐而后国治，国治而后天下平。自天子以至于庶人，壹是皆以修身为本。其本乱而未治者否矣。其所厚者薄，而其所薄者厚，未之有也！

孕妈妈这样解释给宝宝听：

　　宝宝，这部《大学》的宗旨就是要让人知道培养光明正大的品德的重要性，为人不能喜新厌旧。只有达到一定境界的人才能够志向远大，才能平心静气地收获果实。做任何事情都要有始有终，不能轻言放弃。孩子，你将来也要做一个这样的人。《大学》里教导我们做事情要思考周全，只有想到做到，才能达到最终的成功，才能找到事物存在的规律，明白事物发展的道理。那些能管理好家庭，治理好国家的伟人都是要先修身养性，培养自己良好的品格，端正自己的心思，对人真诚，不存私念。宝宝，将来你要多学习知识，通过认识事物，多看多听，研究万物万事的规律，开阔自己的视野。许多古代的圣人都是这样将家庭、家族、国家、天下治理好的。

了解古代的育儿方法

断儿脐者，当令长六寸。长则伤肌，短则伤脏。（《备急千金要方·初生出腹第二·卷五上》）

孕妈妈这样解释给宝宝听：

给新生儿剪断脐带，应当留下大约10厘米的长度，如果留得过长会损伤新生儿的肌肤，若留得过短又会损伤新生儿的脏器。

小儿初生，便以绵裹指，拭口中及舌上青泥恶血。若不急拭，啼声一发，即入腹成百病也。（《外台秘要·卷三十五》）

孕妈妈这样解释给宝宝听：

新生儿一出生，就要先用棉布裹住示指，擦掉新生儿口中和舌头上的血迹，以免血迹进入喉咙堵住呼吸道，引起窒息。

如果不能即时擦干净血迹的话，新生儿一旦啼哭，血液就会进入腹内引发多种疾病。

儿生三日，用桃根、李根、梅根各八两，上三味，以意着水多少，煮令三、四沸，以浴儿，能除诸疮。（《华佗神医秘传·卷八》）

孕妈妈这样解释给宝宝听：

刚刚出生3天的新生儿，洗浴时可用桃根、李根和梅根各250克，加适量水，煮沸三四次，滤去渣子，再用温药水洗澡，可以减少新生儿患病的概率。

凡乳儿不欲大饱，饱则令吐。凡候儿吐者，是乳太饱，当以空乳乳之即消。（《千金翼方·卷十一》）

孕妈妈这样解释给宝宝听：

妈妈给新生儿哺乳的时候不要给孩子喂得太饱，因为太饱会使宝宝吐奶。但凡是吐奶的宝宝基本上都是因为母乳吃得太多了。

幸福着共同呼吸的每一天

　　熬过了前4个月恼人的早孕反应，度过了舒适的孕中期，现在的我进入了最后的备战时期。孕晚期的我大腹便便，但还在坚持"步伐轻盈、精力充沛"地去上班，晚上再拖着沉重的大肚子回到家里。因为我很不舍得提前占用产假的时间，希望和宝宝见面之后，能和宝宝整日在一起的时间多一些。亲手抚摸着宝宝的身体，亲吻着宝宝的脸颊，轻轻地拥抱着宝宝，深深地感受着宝宝的存在，那将是多么美妙、多么幸福的体验啊，我都有些迫不及待啦。

　　现在宝宝还在我的肚子里，我们共同呼吸，共同生活，我感受着宝宝的心跳。有一句歌词里说到："走过天涯海角，最后才知道，听得见你心在跳最重要。"这就是我此刻的心情，看不到宝宝的面容，我只能通过宝宝的心跳和胎动来判断宝宝的存在和健康，经常带着忐忑的心情去医院，只能在B超仪上看到宝宝，宝宝弓成弧形的小身躯，让我感觉好幸福，眼泪不觉地流下来，这是最开心的泪水。

　　这几天我的背部越来越痛，看见我的人都说这几天我的肚子大得很快，是不是宝宝长得太胖啦，我有点担心，会不会没办法顺产。医生阿姨都说顺产更利于宝宝成长。我决定这几天要多走走路、做做操，在不影响宝宝的营养吸收的同时尽量地控制体重，我要让宝宝健康地出生，健康地长大！再过两个月，我们就要真正地见面了，在这两个月里，我会珍惜和宝宝共同呼吸的每一天，让我们一起努力吧！

最适合中国孕妇的

国学胎教
Guoxue Taijiao

孕9月

做好分娩的准备

论语三则

1.曾子曰："吾日三省吾身：为人谋而不忠乎?与朋友交而不信乎?传不习乎?"（《学而》）

2.子曰："温故而知新，可以为师矣。"（《为政》）

3.子曰："学而不思则罔，思而不学则殆。"（《为政》）

孕妈妈这样解释给宝宝听：

1.曾子说过每一天我都会好几次地反省自己，帮别人做事已经竭尽全力了吗？跟朋友相处是否已经做到坦诚可信了呢？老师教给我的知识是不是已经温习过了呢？

2.孔子说过，广泛地阅读各种经典，温习已经学过的知识，从而获得新的领悟，形成新的见解，做到这样的程度了，才可以称之为老师了啊。

3.孔子说过只是一味地学习，不懂得自我思考就会容易受到欺骗，只是一味空想却不主动钻研学习，就会陷入一无所得的危险境地。

深有感触：

想要增强自己的道德修养，在这个价值观不断飞速变化的社会是多么难能可贵，不断反省自己，进行自我批评，这种自觉地增进修养的方式在如今是非常能够坚定自我内心信念的一种好办法。同样地，在学习的时候需要注意方法，如果只是一味地学习，不懂得主动思考，那就会失去主见；一味死读书，凡事只知道空想，不去脚踏实地地进行研究，也会陷于理论，没有实际所得。

诗经·蒹葭

蒹葭苍苍，白露为霜。

所谓伊人，在水一方。

溯洄从之，道阻且长。

溯游从之，宛在水中央。

蒹葭萋萋，白露未晞。

所谓伊人，在水之湄。

溯洄从之，道阻且跻。

溯游从之，宛在水中坻。

蒹葭采采，白露未已。

所谓伊人，在水之涘。

溯洄从之，道阻且右。

溯游从之，宛在水中沚。

孕妈妈这样解释给宝宝听：

一大片郁郁苍苍的芦苇叶上满是清晨的露水凝结成的白霜。我朝思暮想的可人儿啊，就在河岸的对面。我逆流而上去寻找她，追寻她的路途无疑既险阻又漫长。顺着河流去寻找她，仿佛她就站在那河流的中央。

仍旧是那片凄清的芦苇丛，早晨的露水仍未被晒干。让我魂牵梦萦的美人儿啊，她就在那河流的对岸。等我逆流而上去追寻她的时候，那条道路坎坷又艰难。等我顺流而下去寻找她的时候，她好像就在河流中间的小洲之上。

河边的芦苇已经是茂密连绵了，清晨的露水仍在叶片滴滴欲坠。我那苦苦追求的心上人啊，她就在河岸的另一边。我逆流而上去寻找她，那一路的蜿蜒与险滩让人心伤。等我顺流下去寻找的时候，她仿佛一直就伫立在河边的沙滩上。

深有感触：

　　无论这个"伊人"所指代的是恋人还是人生中一些美好的追求目标，给我们的感觉都是可望而不可及的。它或许可以是我们在追求自己目标的路上所遇到困难、险阻的时候给我们带来无穷动力的一切美好事物。这种在追求自己目标而不可得的过程当中所诞生出来的那种微妙的悲观、失望与再度鼓劲重新上路的情绪至今仍是我们能够形成共鸣的。

钗头凤

（南宋）陆游

红酥手，黄縢酒，满城春色宫墙柳；

东风恶，欢情薄，

一怀愁绪，几年离索，

错、错、错。

春如旧，人空瘦，泪痕红浥鲛绡透；

桃花落，闲池阁，

山盟虽在，锦书难托，

莫、莫、莫。

孕妈妈这样解释给宝宝听：

眼前这双红润细滑的手里，正捧着一杯盛满美酒的杯子，摆在我眼前的正是像那宫墙上的绿柳一样充满整个城市洋溢着生机的春色。可恶的春风，却硬生生地把欢快的情绪吹得低落起来。低头凝望手头这酒杯，里面好似装满了忧伤的情绪，想起这分别多年来的生活，一时觉得意兴阑珊。错了，错了，错了！

其实眼前这美丽的春色和以往一样迷人，只是相思的人儿自己心绪难平一直消瘦而已。泪水流过脸颊，冲走胭脂红的同时也浸湿了薄薄的丝绸手帕。开满整个春天的桃花如今落寞地跌落在这空荡荡的池塘楼阁上，今生永相爱的誓言仿佛还在空中回荡，可再也没法写在这锦帛上与你鸿雁传书了。算了，算了，算了！

深有感触：

　　这首词是宋代陆游有感于自己亲身经历过的一段爱情悲剧写下来的。词的上半部分是回忆过去那充满美好的爱情生活，下半部分则是从感慨往事回到现实，写出了被迫与爱人分开后的痛苦心情。用同样的春风、春景带给人的却是完全不同的感受来叙说情深缘浅的巨大精神折磨和痛苦。分别两句"错，错，错"与"莫，莫，莫"短促有力，里面蕴藏了多么痛苦的领悟和无法用语言形容的情致。

女史箴图

名画小常识：

　　这幅画虽然是顾恺之的作品，但已经不是真迹了。目前看到的只是唐宋时期的摹本。这幅保存下来的最早的画卷也是我们目前能见到的由专业画家画出来的作品之一了。顾恺之的画法有个特点叫做"骨法"，也就是说用线条来勾勒人物身材神态的比例。

走近名画：

　　这幅画是顾恺之依据张华所作的《女史箴》分为12段来画的连环画。主要是用来表现古代女子应当遵循的一些清规戒律。故此，画面上的女子很难见到女性应有的那种纤媚之美，反而是那种古朴典雅的感觉。顾恺之大多使用细线描绘出自然朴素的人物，笔法圆润而连绵，往往有一气呵成之感。偶尔在头发、裙边或者是飘带之处加以浓色，又给整体画面增添了些亮丽。

女史箴图·东晋·顾恺之

兰亭集序

书法小常识：

　　这是用行书写就的一篇书法作品。行书来源于楷书，它是介于楷书和草书之间的一种字体。不但避免了楷书书写太慢的弱点，同时也弥补了草书难以辨认的弱点。其实可以这样理解，行书就是楷书的草化，或者是草书的楷化。楷书成分多就叫"行楷"，草书成分多就叫"行草"。

走近书法：

　　这篇作品是我国晋代著名书法家王羲之的代表作，素来有"天下第一行书"之称，全文共计324字，但是里面任何一个重复的字写法都各不相同，其中最为让人称道的是21个"之"字，每一个都具有各自的风韵，没有一个字是雷同的。相传王羲之酒醒之后，也曾重新写过此文，但再也无法写出像兰亭集会时候那样出彩的感觉了。

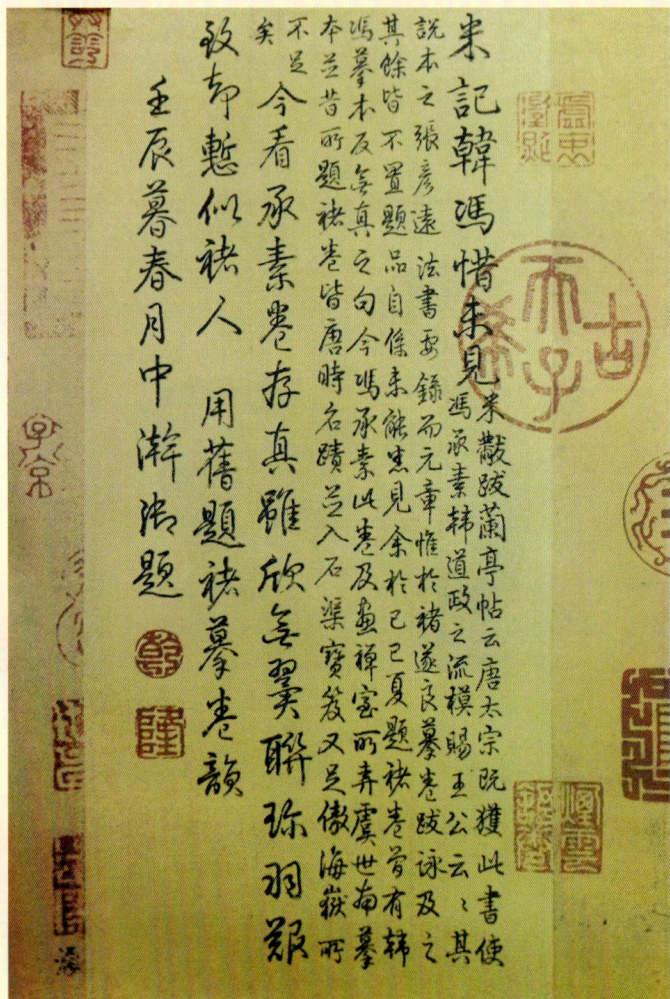

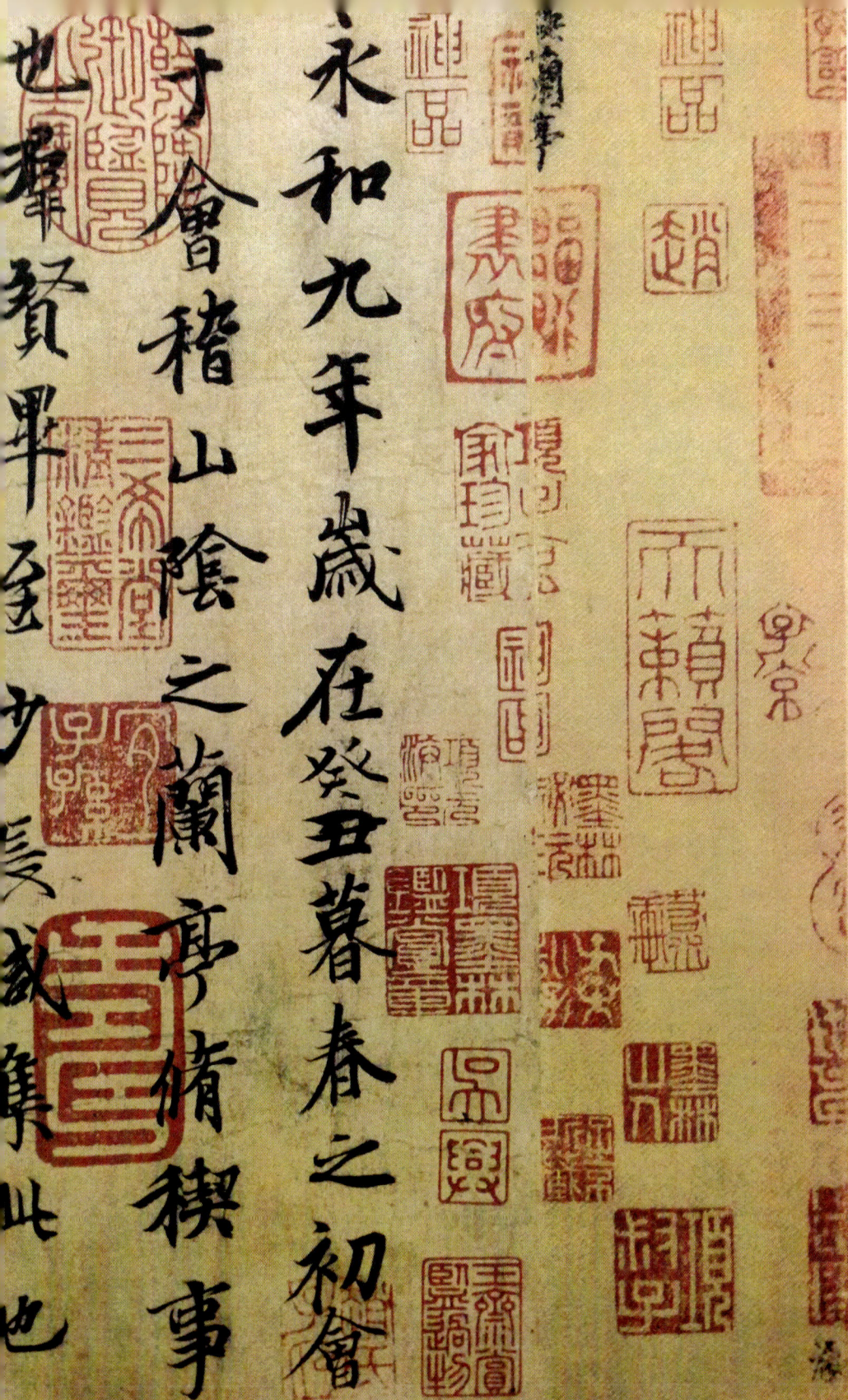

永和九年歲在癸丑暮春之初會于會稽山陰之蘭亭修禊事也群賢畢至少長咸集此地也

常见的借代词语

桑梓——家乡

桃李——学生

社稷、轩辕——国家

南冠——囚犯

同窗——同学

烽烟——战争

巾帼——妇女

丝竹——音乐

须眉——男子

婵娟、嫦娥——月亮

手足——兄弟

汗青——史册

伉俪——夫妻

白丁、布衣——百姓

伛偻、黄发——老人

桑麻——农事

提携、垂髫——小孩

三尺——法律

膝下——父母

华盖——运气

嫦娥奔月

远古时期，天上有10个太阳，这10个太阳把大地晒得冒了烟，百姓生活非常困苦。有一个叫后羿的人，他发誓要为百姓解决这个难题。他用箭一口气射下了9个太阳，就留着一个太阳为百姓带来光明。

西王母送给后羿一颗能够长生不老的药丸，但是后羿不想离开自己的妻子嫦娥，所以没有吃下这颗仙药。这件事情被一个叫逢蒙的知道了。他一心想把后羿的仙药弄到手。八月十五日的晚上，逢蒙趁着后羿出去狩猎的机会跑到后羿的家里威胁嫦娥交出药丸。

嫦娥不肯将药丸交给逢蒙，两个人纠缠之时，药丸掉了出来，嫦娥急中生智自己吞下了药丸。

嫦娥吃了药丸之后，飘飘悠悠地飞了起来，一直朝着月亮的方向飞去。

后羿回到家里，发现自己的妻子嫦娥不见了，他四处寻找，只见圆月当空，月亮上树影婆娑，树下婀娜多姿的女子的身影正是自己的妻子。后羿非常思念自己的妻子，就设了香案，摆上了嫦娥平日里喜欢吃的食品。从此，每年的农历八月十五，就成了人们期盼团圆的中秋节。

京剧

　　京剧被称为"国粹"，是中华民族的艺术瑰宝，起源于清光绪年间。它将文学、音乐、舞蹈、武术、美术、杂技等各艺术行类都淋漓尽致地体现出来。京剧的行当有："生、旦、净、丑"。人物有忠奸之分、美丑之分、善恶之分。各个形象鲜明、栩栩如生。京剧的四功五法分别是："唱、念、做、打"和"手、眼、身、法、步"。经过200多年的演变，京剧融合了很多现代化的元素，也越来越成熟。每次演出时，演员都会在面部涂上某种颜色，这些颜色是有具体的含义的，都是象征这个人的性格和品质，代表这个人的命运，这也是京剧一个非常显著的特点。

　　京剧脸谱中常见的颜色有紫色、白色、黑色、金银色、杂色和黄色。不同的颜色具有不同的含义。紫色脸谱一般用来表现剧中刚正威严的人；白色脸谱有几种用法：一是表现鹤发童颜的老英雄，二是表现奸诈、奸雄之人；黑色脸谱主要是来表现武人，一般用黑色脸谱的都是些面容丑陋、性情刚猛的人；金银色脸谱和杂色脸谱主要用来表现那些神仙鬼怪；黄色脸谱主要表现骁勇凶暴的人物。此外还有蓝色脸谱表现人物刚强阴险，绿色脸谱表现人物暴躁勇猛。

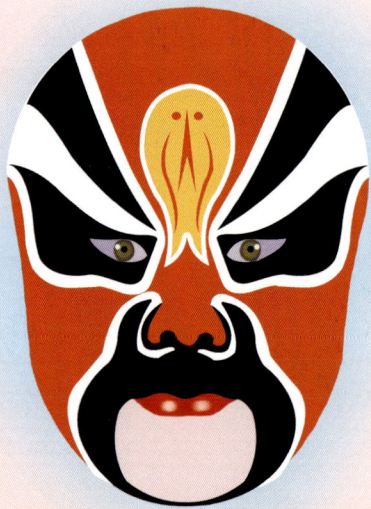

四大名著

　　四大名著是长期以来中国总结出来可以代表中国汉语言文学和传统价值观念的4部小说著作。分别是罗贯中的《三国演义》、施耐庵的《水浒传》、吴承恩的《西游记》和曹雪芹的《红楼梦》。这4部名著承载了太多中国传统的文化精华，太多为人熟知的人物和情节往往在潜移默化中影响了我国好多代人的思维智慧和为人处世，也影响了社会风气和社会思潮。虽然如今多媒体化的时代弱化了书籍的影响力，可这4部名著以电影电视的载体重新出现在中国社会上，再次彰显了其不朽的艺术魅力。

　　如果能够认真研读中国的四大名著，就相当于是将中国的传统人文、社会、伦理、历史、地理、民俗、心理、处世策略的所有方法和知识都揽于心中。因为，这四大名著当真是中国历史上的宝贵财富，是一座不可多得的知识宝库，可供国人反复学习。

　　《三国演义》是中国第一部长篇章回体历史演义小说。描写的是从东汉末年到西晋初年之间近100年的历史风云故事。大概分为黄巾之乱、董卓之乱、群雄逐鹿、三国鼎立、三国归晋五大部分。书中通过历史时代的变迁，塑造了一批叱咤风云的英雄人物。

　　《水浒传》描写的是北宋末年，宋徽宗昏庸无道，民不聊生。百姓揭竿而起，整个故事围绕起义从发生、发展直至失败的全过程。书中塑造了108位梁山好汉，他们身份不同，性情各异，这部著作是我国古代小说中一颗璀璨的明珠。

　　《西游记》成书于16世纪明代，根据民间传说唐僧取经而写，描写了唐僧、孙悟空、猪八戒、沙悟净师徒四人去西天取经历经九九八十一难的故事。书中唐僧师徒等形象刻画非常生动，个性鲜明，翻拍的电视剧至今仍活跃在屏幕上。这部著作绝对是中国古典小说中伟大的浪漫主义文学作品。

　　《红楼梦》这部著作在乾隆四十九年（1784）之前一般都题为《石头记》，是中国长篇小说创作的巅峰之作。书中描写贾宝玉和林黛玉的爱情悲剧以及贾宝玉和薛宝钗的婚姻悲剧，展现了当时深刻的社会根源。

黛玉葬花

阳春三月一个寻常的日子，贾宝玉吃过早饭后，拿着一套《会真记》想找个地方好好读一读。找寻了没多久，就来到了沁芳闸桥下面桃树底下的石头上坐下了。翻开书，不知不觉就读进去了，正好看到"落红成阵"这一句的时候，空中突然刮起一阵风，把头顶上的桃花吹落下来一大片，顿时间，贾宝玉身上书上地上满满地都是桃花了。宝玉刚下意识地要把落花抖落下去，突然想起来，这样一来，花会被人给踩烂的，所以只好把身上的桃花兜起来送到不远处的池塘边，撒落到水里去。左右盘旋地，那些花瓣儿就随着水流向沁芳闸外流去了。等宝玉回来看到满地还有那么多的花瓣不知如何是好的时候，突然听到身后传来说话声："你在这里干什么？"转过头去一看，原来是林黛玉来了，只见她肩膀上背个花锄，上面还挂着个小花篮，手里还拿着把花帚。看来也是为了这些落花而来，宝玉笑了，"好啊，正好把这些花扫起来放到水里去，我刚才已经放了好些了。"黛玉皱了皱眉头，答道："放水里也不好，你只看到咱们这里水清，说不定流出去后遇到那些污糟人家的水里去，不还是糟践了这些花，莫不如把它们扫起来，我在另外一边建一个花坟，用手绢包起来葬在那里，用土给埋上，过些时日，随着土化了，那才是清白的。"说着，她的眼中竟沁出泪来……

深有感触：

这个故事是《红楼梦》里非常经典的片段，通过林黛玉葬花的想法表现出她对美的独特见解。文中有一段黛玉葬花的词。唯美又荡气回肠，表现出闺阁中少女客惜春末，心中被悲绪无法排挤的心情。

为宝宝的到来做好一切准备

这个月我要每周都去产检，做胎心监护了。现在宝宝已经不像之前那么好动，仿佛转变了性子，其实是因为宝宝长大了，我的肚子马上就装不下宝宝了。最近，爸爸也紧张起来，奶奶和姥姥也开始忙碌起来，大家都在为你的到来，做着各项准备，宝宝能感觉得到吗？看，宝宝的房间，爸爸已经帮你重新装饰过，婴儿床也安装好了，奶奶亲手做的小被子、小褥子也已经铺好了。我不知道宝宝喜欢什么颜色的小衣服，就各种颜色都买了。我亲爱的宝贝，家里已经准备好了一切，就等待着宝宝的大驾光临啦。

最近，我经常莫名其妙地紧张，最后一个月了，生怕宝宝出现什么危险，每周的检查，也让我很担心，多希望宝宝能健健康康地出生啊！所以，宝宝和我一起加油吧，期待我们见面的那一天。孕期里，我有很多的愿望，这些愿望里都有宝宝，等宝宝出生之后，我会带着你一一去实现。

我要带宝宝去海边踏浪；带宝宝去晒太阳，享受大自然带来的福音；带宝宝去动物园，和可爱、亲昵的小动物和睦相处；带宝宝去游乐园，让宝宝在童话世界里大声地欢笑……这一切美好的想象，都等着宝宝和我一起去实现，一起去体验。宝宝，再耐心等等吧，妈妈和爸爸会给宝宝一个最幸福的家。

即将迎接胎儿的诞生

青玉案·元夕

（宋）辛弃疾

东风夜放花千树。

更吹落、星如雨。

宝马雕车香满路。

凤箫声动，玉壶光转，一夜鱼龙舞。

蛾儿雪柳黄金缕，笑语盈盈暗香去。

众里寻他千百度，

蓦然回首，那人却在，灯火阑珊处。

孕妈妈这样解释给宝宝听：

东风在一阵恍惚间就将千万棵树吹开了花，也好像将天上的繁星吹落洒下了阵阵流星雨。华丽的马车和神骏的马儿在街道上来来往往，整个街道都弥漫着各种醉人的香气。空气中回响着各种悦耳的音乐之声。天上明亮的月儿渐渐地向西方落下，整夜都是那鱼龙灯在闪烁着光辉倾听着喧哗。美人头上装饰着明亮漂亮的饰物，边笑边聊地从人群中走过。迷人的香味横穿了整个街道。我努力地在人群中寻找美人的踪迹，难以发现她，可却在不经意间一回头，发现原来她就在那灯火稀落的地方站着。

深有感触：

这是北宋时期大词人辛弃疾的一篇作品。他先极力渲染了元宵节那热闹无比的场面，进而利用反差，营造出一个清高脱俗不同于凡夫俗子的女性形象。其实也是寄托了他政治上失意以后不愿意与那些俗人同流合污的想法。用清高女子来寓意高洁的政治理想，对比之处显示出自身的高贵，含蓄委婉，耐人寻味。

闻鸡起舞

西晋时候有个人名叫祖逖，从小就喜欢练习武术，闲暇时候还钻研兵法，因为他心中有个伟大志向将来要干一番大事业。他有一个很好的朋友叫刘琨，也是跟他有着同样的志向。所以两人很快就成为了好朋友，吃住都在一起，互相鼓励一同努力。有一天晚上，刚过半夜没多久，祖逖被一阵鸡叫声给吵醒了，他起来赶紧把刘琨也叫醒了。并且对刘琨说："这鸡叫声虽然把咱们给吵醒了，是挺讨厌，但是也有好处啊，这是叫我们早点起床操练武艺呢。"

爽快的刘琨也同意祖逖的看法，于是两个年轻人就兴冲冲地提起剑跑到院子里专心地练起武艺来。

从那以后，他们两个就养成了这样一个习惯，每天睡到半夜听到鸡叫声之后，就起床舞剑练武。

后来他们两个都成了非常有名的将军。

深有感触：

凡事都需要努力，需要超过别人许多的付出，才有可能获得成功。在这里两个年轻人，为了追求自己的理想目标，放弃了年轻人都愿意睡懒觉的习惯，每天一听到鸡叫就赶紧起床练习武艺，无疑这是付出了许多汗水，这才有最后他们的功成名就。所以说，一分耕耘一分收获，天底下任何成功都是来之不易的，想要实现理想获得成功就必须付出更多的努力。

人物龙凤图

名画小常识:

　　在专门的纸、绢还没被发明出来以前,古人绘画都是在木板、石板或者丝织物上面。那么画在白色丝织物上的就叫做帛画。目前已被发现的4件帛画可以算做是我国最早的具有独立意义的绘画作品。这幅帛画是我国现存最早的绘画作品之一,也是最早的人物画之一。

走近名画:

　　画面的右下部画有一个侧耳而立的女子,长袍细腰,双手合掌向前祈祷。这幅图主要是表现了在葬礼仪式上引导死者灵魂上天的。画面上方的龙凤飞舞则是引导灵魂的。当然,由于是早期的绘画,那些用线条描绘出来的面部就相对较为简略,表情不是很鲜明。而且画面上的人、龙、凤都是用全侧面来表现,也说明了那个时期古人就懂得利用形象轮廓最突出、特征最鲜明的一面来表现。

人物龙凤图·战国·绢本帛画

韩熙载夜宴图

名画小常识：

这是五代时期画家顾闳中的一幅人物画代表作。他的画风主要是延承了唐代的仕女传统，形象塑造上较为清秀娟美。目前这是已知的顾闳中的唯一一幅流传下来的作品。图中的韩熙载是一位逃亡到南唐的才子，为了躲避南唐后主李煜的招揽，每日在家纵情声色，希望使得李煜放弃他。这幅图就是画师顾闳中潜入韩宅，观察许久后回家凭记忆画下来的。

走近名画：

《夜宴图》手法上使用了中国传统表现连续故事的方法，基本上用情节的进展来分段，每段之间用屏风来作为标记。而主人公韩熙载无疑是每段当中都有出场。构图上可以看出画师的精心设计来：一个地点，一个人物组合，构成了一个情节。每一段都是相对独立地存在，同时又严丝合缝地组合在一个整体布局当中。为了凸显夜晚，在第三段中放置了一个烛台，点明了故事发生的时间。在刻画人物方面，神态细微的表情均有刻画，将韩熙载那种超脱自然、放纵不羁同时又有压抑的复杂心理表现得淋漓尽致。

永字八法

据说"永字八法"有个典故，当年东晋时候有个大书法家叫王羲之，有一次游历到了天台山，被那里的秀丽风景给迷住了，就在那里住了下来。每天上山看那壮观日出和雄伟云海，有些时候情不自禁地就在那里比比划划，想把那种自然界的雄奇伟大融入到书法当中去。他每天不停地练字，最后光是洗砚台都把一池水给染黑了。有一天突然来了个白胡子神仙，驾着白云而来，说看王羲之练字勤奋，很是欣赏，想要教授他一个写法，以后字会写得越来越漂亮，说完后就在王羲之的掌心写了个"永"字，思考许久后，王羲之终于明白了老神仙的意图，原来一个"永"字，已经包含了汉字的横竖勾，点撇捺，基本笔画都蕴含在里面。所以从那以后，后人但凡学书法的时候，都会勤加练习这个"永"字，因为里面有写好楷书的基本法则。

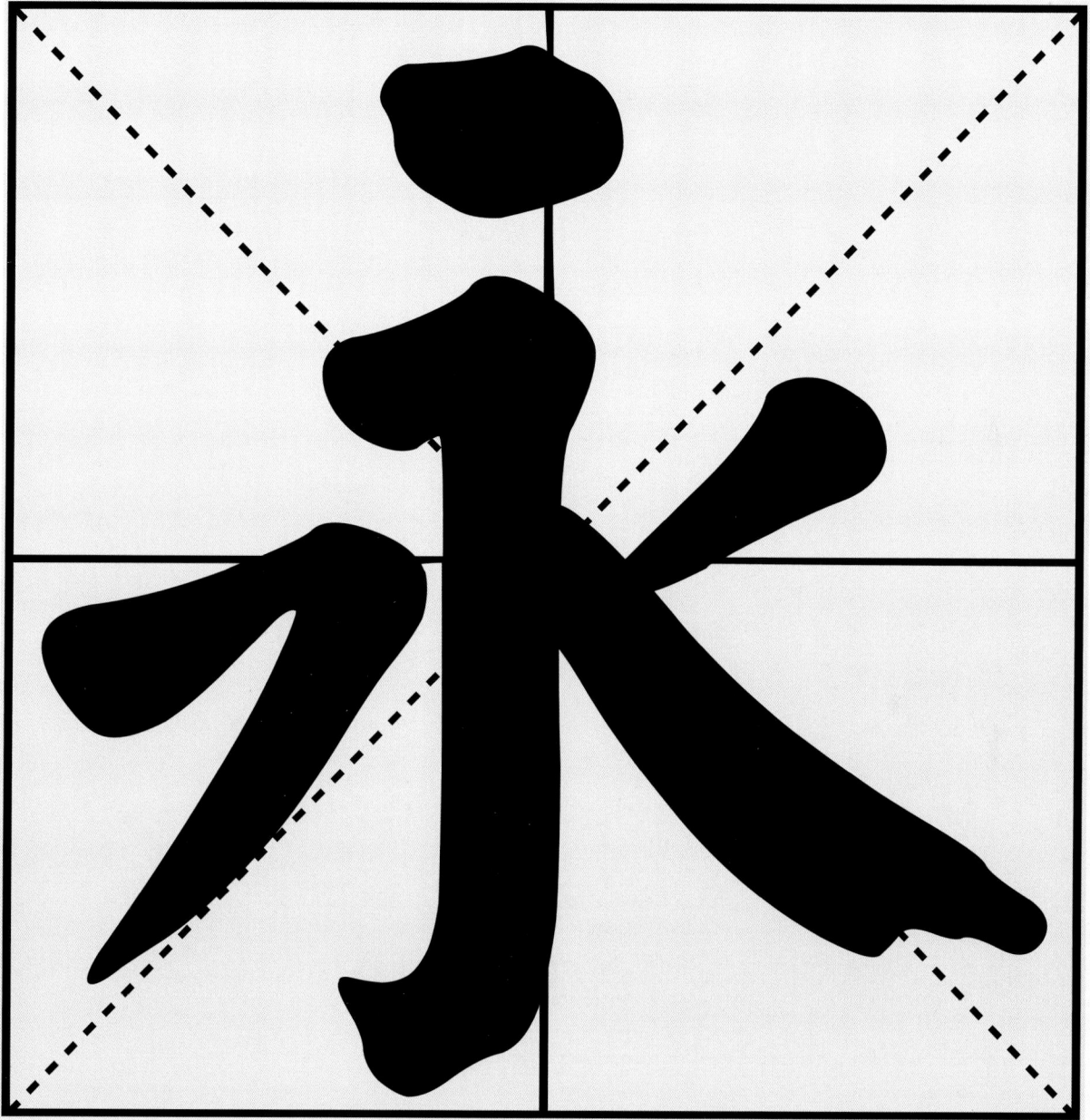

侠客行

（唐）李白

赵客缦胡缨，吴钩霜雪明。

银鞍照白马，飒沓如流星。

十步杀一人，千里不留行。

事了拂衣去，深藏身与名。

闲过信陵饮，脱剑膝前横。

将炙啖朱亥，持觞劝侯嬴。

三杯吐然诺，五岳倒为轻。

眼花耳热后，意气素霓生。

救赵挥金锤，邯郸先震惊。

千秋二壮士，烜赫大梁城。

纵死侠骨香，不惭世上英。

谁能书阁下，白首太玄经。

深有感触：

孩子，妈妈希望你将来也是一位重情重义之人，即使你是女孩子，也要做一个坚强、独立的女人。人生在世，要活出自己的精彩，即使不被别人认同，也要无愧于自己的内心。妈妈始终是你坚强的后盾。

孕妈妈这样解释给宝宝听：

这是李白写的一首五言诗，抒发了他对侠客的倾慕之情，他通过这首诗幻想自己也能解救百姓于危难。诗中提到燕赵之地的侠客系着少数民族手工粗糙的带子，手里拿着明亮宝刀，骑着白色的骏马，像流星一样，轻轻一拂衣袖就走了，非常洒脱。朱亥、侯嬴这两位侠客，声名显赫，在大梁城广为流传。他们把承诺看得比五岳还重。即使有一天他们死去了，但是他们的英名也会流传千古。

十八般武艺

　　民间早有十八般武艺的说法，但是有据可考的还是见于南宋时期的一位武状元华岳所编的《翠微北征录》。后来元末明初的施耐庵在他的小说《水浒传》里说了十八件兵器，分别是："矛、锤、弓、弩、铳、鞭、锏、剑、链、挝、斧、钺、戈、戟、牌、棒、枪、扒。"后来明朝后期有一个叫谢肇淛的人在《五杂俎》中写道："一弓、二弩、三枪、四刀、五剑、六矛、七盾、八斧、九钺、十戟、十一鞭、十二锏、十三挝、十四殳、十五叉、十六耙、十七绵绳套索、十八白打。"前十七种都是兵器的名称，第十八般名曰"白打"，就是"徒手拳术"。

　　十八般武艺，就是形容会多种武艺或者才能。

我是妈妈啦

当宝宝足够强壮了，就可以离开我的肚子了。医生剪断了脐带，这是宝宝第一次离开我的身体，宝宝真的成为一个独立的小人了！

我为宝宝骄傲，但是心里也很失落，因为宝宝不再和妈妈相连，宝宝可以独立地呼吸，逐渐自由地成长，逐渐离开我的怀抱，这让我很沮丧。但是我坚信，宝宝就是上天恩赐给我们全家的天使，宝宝会将幸福降临到家里的每个人身上。宝宝不再只属于我一个人。

那天夜晚，我开始阵痛，我知道，宝宝是在告诉我你要来到这个世界了，宝宝已经做好了准备，宝宝很勇敢。我从此就不再是一个人，有了宝宝，我才是真正的女人，一个被需要的妈妈。在产床上，我很辛苦，但是经历了10个月的孕育，不就是为了迎接宝宝的到来吗？这一刻的痛苦，都是为了让我记住将来每一天的幸福都那么来之不易，告诫我一定要珍惜有宝宝存在的生活。

爸爸已经在手术室门口等待着宝宝了，宝宝会很快见到爸爸——一个陌生的熟悉人，一个将养育宝宝成长，开心着宝宝的开心，失落着宝宝的失落的男人。他是和我一样爱宝宝胜过生命的人。也正是因为有了宝宝的存在，让爸爸妈妈更加恩爱，让我们更加明白，最幸福的家就是爸爸爱妈妈，妈妈爱爸爸，妈妈爸爸更爱宝宝。

命运啊，你是如此厚待我们，这个天赐的孩子让我充满了幸福感，我真想一直好好将宝宝抱紧，看着宝宝慢慢地长大，是的，一定要慢慢地长大，让我有时间回味宝宝走过的每一步，珍惜和宝宝共处的每一天。

宝宝，妈妈爱你，很爱你！